Cornelia Schinharl

Herbst- und Wintergemüse

Vitamin-Power
für die kalte Jahreszeit

SEEHAMER
KOCHBUCH
Die besten Rezepte

Inhalt

Bunte Vielfalt

Die Tage werden kürzer, die Nächte langsam kühl und die Blätter an den Bäumen leuchten in kräftigen Farben. Auch auf den Märkten wird es bunt: einladend orangefarbene Riesenkürbisse neben dunkelbraunen Maronen und dem ersten knackig-frischen Feldsalat. Kein Grund also, Trübsal zu blasen und die dunkle Zeit zu beklagen. Zumindest auf dem Teller ist auch an den kühlen Tagen des Jahres eine ganze Menge an Geschmack, Vitaminreichtum und Abwechslung geboten. Hier die Steckbriefe der wichtigsten Herbst- und Wintergemüse.

Artischocken

Bis vor einigen Jahren kannte man die kleinen, meist violetten Artischocken nur aus Italien und aus Südfrankreich, bei uns gab es eher die bauchigen und runden aus der Bretagne. Heute sind die kleinen zarten Blüten einer Distelpflanze, die man nach dem Putzen im Ganzen essen kann, auch bei uns immer stärker gefragt. Von den großen kann man nur das fleischige Ende der Blätter und den geputzten Artischockenboden essen. Artischocken enthalten neben zahlreichen Vitaminen und Mineralstoffen auch Inulin, sind also für Diabetiker gut geeignet.

Einkauf: Achten Sie darauf, dass die Artischocken knackig aussehen und keine braunen Blätter oder eingetrocknete Spitzen haben.

Vorbereitung: Von den kleinen Artischocken die äußeren Blätter großzügig (etwa 8–10 Stück) ablösen. Dann die Beißprobe machen: In ein ausgezupftes Blatt am hellen Ende beißen. Lässt es sich leicht beißen, hat man genügend Blätter abgelöst. Jetzt noch das obere Viertel der übrigen Blätter abschneiden und den Stiel schälen, dabei spitz zuschneiden. Die Artischocken hal-

bieren. Ist in der Mitte Heu zu sehen, muss das mit einem kleinen Messer noch entfernt werden. Bei ganz jungen Artischocken ist es meist noch nicht entwickelt.

Zubereitung: Die ganz zarten Artischocken kann man in feine Scheiben schneiden und roh als Salat oder Carpaccio essen, die übrigen in Scheiben braten oder im Ganzen schmoren.

Chicorée

Vor allem in Belgien, den Niederlanden und Frankreich ist er sehr beliebt. Er wächst im Dunkeln unter einer Erdschicht oder Folie und bleibt dadurch hell und wunderbar mild. Chicorée mit grünen Blätter hat doch etwas Licht gesehen, was ihm aber nicht schadet, sondern nur die in ihm enthaltenen Bitterstoffe etwas stärker zur Ausbildung bringt. Chicorée ist sehr kalorienarm, enthält aber viele Mineralstoffe wie etwa Kalzium. Roter Chicorée, der immer häufiger im Angebot ist, ist eine Kreuzung aus Chicorée und Radicchio und schmeckt etwas würziger.

Einkauf: Die Stauden sollten schön fest sein und helle Blätter ohne braune Ränder haben. Roter Chicorée sollte ebenfalls schön knackig aussehen.

Vorbereitung: Vom Chicorée nur die äußeren welken Blätter entfernen und den dicken Strunk aus der Mitte keilförmig herausschneiden.

Zubereitung: Chicorée kann man roh als Salat essen, gegart entwickelt er aber fast mehr Aroma. Besonders gut schmeckt er geschmort oder gratiniert.

Feldsalat

Er ist anspruchslos und verträgt auch im Freien kühle Temperaturen, ist also geradezu der ideale Wintersalat. Die kleinen Pflänzchen werden über der Wurzel abgeschnitten und müssen dann rasch in den Verkauf gelangen, da sie nicht lange frisch bleiben. Feldsalat hat viele Mineralstoffe (Kalium, Kalzium, Phosphor und Eisen – beim Eisengehalt liegt er gleich nach der Petersilie) und unter den Salaten einen relativ hohen Gehalt an Provitamin A und Vitamin C. Feldsalat schmeckt mild mit einem feinen Nussaroma.

Einkauf: Feldsalat muss knackig und frisch aussehen und sollte keine gelblich verfärbten Blätter haben.

Vorbereitung: Manchmal bekommt man Feldsalat schon vorgewaschen angeboten. Dann reicht oft ein kräftiges Durchschwenken in kaltem Wasser. Ist er nicht vorgewaschen, muss man ihn mehrmals waschen, da sich zwischen den Blättern viel Sand und Erde sammeln können. So lange waschen, bis das Wasser klar bleibt. Immer sehr gut trockenschütteln, am besten in einer Salatschleuder.

Zubereitung: Immer roh als Salat genießen.

Grünkohl

Obwohl er nach den Möhren der größte Lieferant von Provitamin A und in puncto Vitamin-C-Gehalt gleich nach den Paprikaschoten fungiert, ganz zu schweigen von den vielen Mineralstoffen, die in ihm stecken, hat es der Grünkohl ein bisschen schwer, Freunde zu finden. Der Blattkohl mit den mehr oder weniger krausen Blättern wird hauptsächlich in Norddeutschland zubereitet und dort meist mit fetter Wurst nach stundenlangem Kochen serviert. Vielleicht ist das der Grund. Grünkohl schmeckt angenehm herb und würzig. Je mehr Frost er abbekommen hat, desto süßlicher schmeckt er und umso bekömmlicher wird er auch.

Einkauf: Grünkohl muss schön knackig aussehen und soll keine braunen Blätter haben. Sehen die Blätter gefroren aus, macht das gar nichts. Dann aber entweder weiter draußen an der kalten Luft aufbewahren oder möglichst bald zubereiten, da die Blätter nach dem „Auftauen" bald schlapp machen.

Vorbereitung: Grünkohl gut waschen, da sich in den krausen Blättern ziemlich viel Schmutz sammeln kann. Dann die Blätter von den dicken Stielen abstreifen oder -schneiden. Die Blätter ganz lassen oder zerkleinern.

Zubereitung: Grünkohl kann man dämpfen, kochen oder schmoren. Dass er dafür viele Stunden braucht, ist ein Märchen aus alten Zeiten. Sein Aussehen nach diesen langen Garzeiten hat ihm auch den Beinamen Braunkohl eingebracht. Viel besser schmeckt Grünkohl, wenn er zwar gar, aber nicht verkocht ist.

Kürbis

Lange Zeit wusste man mit den großen Früchten nicht viel mehr anzufangen als sie zu Suppe zu verarbeiten. Seit der Kürbis auch bei großen Köchen eine Renaissance erlebt, wird er nicht nur in zahlreicheren Varianten angeboten, sondern auch in unterschiedlichen Gerichten verwendet. Besonders aromatische Sorten sind Muskatkürbis, Hokkaidokürbis und Butternut-Kürbis. Eine Spezialität ist der Spaghetti-Kürbis, den man halbiert und in Wasser kocht. Der Kürbis ist fertig, wenn sich das Fruchtfleisch in spaghettiähnlichen Fäden auseinander lösen lässt. Wie Nudeln isst man ihn dann mit verschiedenen Saucen.

Einkauf: Ein ganzer Kürbis soll keine Druckstellen haben, denn da wird er schnell weich und fängt an zu schimmeln. Einen unversehrten ganzen Kürbis kann man Wochen und Monate im kühlen Keller lagern. Kürbisstücke sollen frisch angeschnitten aussehen und in Folie verpackt sein. Lagern sollte man Stücke im Kühlschrank nicht länger als eine Woche.

Vorbereitung: Die Kerne mitsamt dem anhängenden weichen und faserigen Fruchtfleisch mit einem Löffel oder kleinen Messer aus dem Kürbis lösen. Den Kürbis dann schälen. Ist das Stück groß und die Schale hart, geht das am besten, wenn man ihn seitlich aufs Brett legt und die Schale Stück für Stück ablöst. Ausnahme: Hokkaidokürbisse haben eine so weiche Schale, dass man sie mitgaren und -essen kann. Diese Kürbisse also gut waschen und nur von den Kernen befreien.

Zubereitung: Kürbis schmeckt als Rohkost (am besten geeignet dafür ist der kleine und aromatische Butternut-Kürbis oder auch ein Muskatkürbis) und lässt sich auf alle nur erdenklichen Arten zubereiten.

Maronen

Sie werden wie Nüsse und Samen zum Obst gerechnet, heißen auch Edel- oder Esskastanien und sind mit den Kastanien, die Kinder im Herbst so gerne sammeln, nicht verwandt. Wie sie sitzen die Früchte aber einzeln in einer – allerdings stacheligen – Hülle und müssen geschält werden. Esskastanien muss man vor der Zubereitung backen oder kochen, bekommt sie heute aber immer mehr vorgegart und in Folie verschweißt angeboten. Kastanien enthalten viel Eiweiß, Stärke und Fett.

Einkauf: Die Kastanien sollen prall aussehen und keine verschrumpelte Schale haben.

Vorbereitung: Kauft man ungegarte Kastanien, schneidet man sie an der runden Seite kreuzweise ein und kocht sie etwa 5 Minuten in sprudelndem Wasser. Dann abgießen und abschrecken und die braune Schale wie auch die darunter liegende hellere Haut gründlich ablösen. Da diese Arbeit etwas Zeit erfordert, sind immer häufiger gegarte Kastanien, in 250 g Portionen verschweißt, im Handel.

Zubereitung: Ungegarte Kastanien nach dem Schälen in Flüssigkeit schmoren oder kochen beziehungsweise im Ofen backen. Danach wie auch die vorgegarten als Beilage, Püree oder Suppe verarbeiten.

Meerrettich

Als Gemüse wird er natürlich nicht zubereitet, passt aber zu vielen Gemüsesorten oder lässt sich frisch und roh über Salate und Vorspeisen raspeln. Meerrettich enthält sehr viel Vitamin C und zahlreiche Inhaltsstoffe, die schleimlösend und aktivierend auf Galle, Niere und Leber wirken sollen, außerdem macht er fettes Essen bekömmlicher. Das ist wohl auch der Grund dafür, dass er gerne frisch gerieben zu Fleisch serviert wird.

Einkauf: Frisch kauft man ihn als Stange oder ein Stück davon. Die Stange soll fest sein; kauft man ein Stück, darf die Schnittstelle nicht zu sehr eingetrocknet sein. Wer Meerrettich aufheben will, lagert ihn am besten in einer Plastiktüte im Gemüsefach des Kühlschranks oder in Sand vergraben in einer Kiste im kühlen Keller.

Vorbereitung: Von der Stange ein Stück – etwa so viel, wie man gleich reiben will – der braunen Haut abschneiden.

Zubereitung: Den Meerrettich auf der Rohkostreibe fein reiben oder im Blitzhacker zerkleinern. Dann beim Öffnen nicht direkt in den Zerkleinerer schauen. Die Dämpfe, die entweichen, können einem die Tränen in die Augen treiben. Geriebener Meerrettich wird rasch braun, also immer ganz frisch reiben oder mit etwas Zitronensaft mischen.

Pastinaken

Sie sehen fast wie Petersilienwurzeln aus und bilden wie Möhre und Petersilie im ersten Jahr eine Wurzel aus. Bezüglich des Gehaltes an Vitaminen (Provitamin A, C und ein paar B-Vitamine) und Mineralstoffen (Kalium, Phosphor und Eisen) übertrifft die Pastinake die gesunde Möhre sogar noch, wird bisher bei uns aber noch nicht so oft angeboten. Pastinaken haben ein gelbliches oder weißes Fruchtfleisch und schmecken leicht süßlich und aromatisch.

Einkauf: Die Wurzeln müssen prall aussehen und dürfen sich nicht biegen.

Vorbereitung: Die Wurzeln wie Möhren und Petersilienwurzeln mit dem Sparschäler schälen und vom Blattansatz befreien.

Zubereitung: Pastinaken schmecken roh als Salat, gebraten oder gedünstet.

Pilze

Im Spätsommer und Herbst tauchen Steinpilze, Pfifferlinge und Maronenröhrlinge auf den Märkten auf und verlocken zum Kauf. Pilze enthalten reichlich Vitamine und Mineralstoffe wie Kalium und Eisen. Im Winter sind Zuchtpilze wie Champignons, Egerlinge (rosa Champignons), Austernpilze und frische Shiitake-Pilze eine gute Alternative und versorgen uns in der lichtarmen Zeit mit dem wichtigen Vitamin D.

Einkauf: Pilze müssen trocken aussehen, dürfen aber nicht vertrocknet sein. Ein pralles Aussehen ohne schmierige Stellen ist das beste Qualitätszeichen.

Vorbereitung: Pilze nicht waschen, sondern mit einem Messer vom Stielende befreien. Stiele eventuell – vor allem bei frischen Steinpilzen – ebenfalls mit dem Messer reinigen. Pilzhüte mit einem feuchten Küchenpapier sauber abreiben. Die Pilze dann in Scheiben schneiden und möglichst gleich weiter verarbeiten.

Zubereitung: Zarte Pilze schmecken roh in ganz feinen Scheiben, alle Pilze in Scheiben oder Streifen gebraten, gegrillt, geschmort und gedünstet.

Pilzgerichte möglichst am selben Tag aufessen und nicht aufwärmen, da sich die Eiweißzusammensetzung relativ rasch verändert und die Pilze dann sehr schwer im Magen liegen, wenn sie nicht gar Schlimmeres verursachen.

Portulak

Er heißt auch Winterportulak oder Postelein und hat fleischige, herz- oder tropfenfömige Blätter mit mildem, leicht salzigem Geschmack. Portulak enthält reichlich Vitamin C.

Einkauf: Die Blätter müssen knackig und schön grün aussehen und sollten möglichst keine Blüten haben.

Vorbereitung: Portulak nur waschen und trockenschwenken. Die Stielenden leicht kürzen, die Stiele

kann man aber mitessen. Gelegentlich wird auch Portulak mitsamt den Blüten angeboten, man kann sie mitessen, eigentlich hat er seine beste Zeit dann aber bereits überschritten.

Zubereitung: Portulak schmeckt roh als Salat und eventuell ganz kurz in einer Suppe oder Sauce erwärmt.

Rosenkohl

Der Kleinste unter den Kohlsorten verträgt Temperaturen bis −12 °C und wird sogar im Geschmack besser, wenn er etwas Frost abbekommen hat. Die Kälte erhöht nämlich den Zuckergehalt in den Röschen und macht sie leichter verdaulich. Rosenkohl hat reichlich Mineralstoffe wie Kalium, Magnesium und Eisen sowie Vitamine der B-Gruppe und Provitamin A zu bieten.

Einkauf: Die Röschen sollen schön grün und fest sein und keine gelben Blätter haben.

Vorbereitung: Vom Rosenkohl die äußeren welken Blätter abschneiden. Rosenkohl dann kurz waschen. Will man ihn im Ganzen garen, den Strunk über Kreuz leicht einschneiden.

Zubereitung: Rosenkohl schmeckt gedünstet und geschmort. Wer sich die Mühe machen will, löst alle Blätter einzeln ab und wird dann mit einem besonders feinen Geschmack belohnt.

Rote Bete

Die Rote Bete oder Rote Rübe wird zwar das ganze Jahr über angeboten, die dicken Knollen, die sich so gut lagern lassen, kommen aber erst im Herbst auf den Markt. Rote Bete enthalten reichlich Kalium, Magnesium und Eisen sowie Provitamin A und Vitamin C.

Einkauf: Die Rüben sollen prall und glatt ohne welke oder gar schimmelige Stellen sein.

Vorbereitung: Rote Bete vor oder nach dem Garen schälen. In jedem Fall ist es ratsam, dabei Handschuhe zu tragen oder sich danach die Hände rasch und sehr gründlich zu waschen, da der rote Saft sehr hartnäckig

haftet. Das ist auch der Grund, warum man zum Schneiden besser Plastik- statt Holzbretter nimmt, in die der Saft besonders leicht einziehen kann.

Zubereitung: Rote Bete schmecken roh als Salat oder Carpaccio, aber auch gegart in allen Variationen: als Salat, Suppe, Beilage oder im Ofen gebacken und mit einer Sauce als Hauptgericht serviert.

Sauerkraut

Nur große und feste Weißkohlköpfe mit viel Aroma eignen sich für die Herstellung von Sauerkraut. Besonders berühmt ist das aus der Nähe von Stuttgart, welches aus dem so genannten Filderkraut hergestellt wird. Der Kohl wird in feine Streifen geschnitten, mit Salz vermischt, gestampft und verschlossen. Haben das unsere Großmütter noch in Steintöpfen selbst gemacht, so geschieht das heute in großen Silos, die Unmengen an Kraut aufnehmen können und in denen das Sauerkraut luftdicht verschlossen unter Druck entsteht. Ein bis drei Wochen dauert es, bis die Milchsäurebakterien, die sich im Kraut bilden, den Kohl zum Säuern bringen. Nach einer Woche ist es noch schön mild, nach drei entsprechend gut sauer. Von seinen Inhaltsstoffen hat der Kohl in dieser Zeit nur wenig eingebüßt und sogar etwas dazugewonnen: Die Milchsäurebakterien sind gut für die Darmflora und regulieren so die Verdauung.

Einkauf: Sauerkraut kann man offen, im Beutel oder in der Dose kaufen, in der Regel ist es roh. Das offene möglichst bald verwenden, verpackt hält es sich lange Zeit frisch.

Vorbereitung: Je nach Sorte sind die Sauerkrautstreifen relativ lang. Wer das nicht mag, schneidet den Kohl vor dem Garen mit einer Küchenschere einfach etwas kürzer.

Zubereitung: Sauerkraut schmeckt roh als Salat und gegart als Beilage oder Hauptgericht.

Schwarzwurzeln

Die fleischigen, 30–50 cm langen und bis zu 4 cm dicken Wurzeln stammen von einer winterharten Pflanze und haben eine bräunliche bis schwarze und harte Schale. Das weiße Fruchtfleisch enthält einen milchigen Saft, der sich an der Luft braun verfärbt. Schwarzwurzeln schmecken nussig und mild, erinnern dabei leicht an Spargel, weshalb sie auch als Winterspargel oder Spargel des kleinen Mannes bezeichnet werden. Schwarzwurzeln enthalten zahlreiche Vitamine (A, C, E und B_1), Mineralstoffe (Kalium, Kalzium, Phosphor und Eisen) und das für Diabetiker wichtige Inulin.

Einkauf: Die Stangen müssen gerade und knackig sein, dürfen sich nicht biegen lassen. Außerdem dickere Stangen bevorzugen. Sie schmecken zwar nicht besser, lassen sich aber leichter vorbereiten.

Vorbereitung: Es gibt zwei Methoden für Schwarzwurzeln: Erst schälen und dann garen oder erst garen und danach schälen. Schält man sie roh, läuft ein milchiger Saft aus, der die Hände bräunlich färbt. Die Stangen deshalb am besten immer mal wieder unter dem Wasserstrahl abspülen oder mit Handschuhen schälen. Nach dem Schälen die Stangen in eine Schüssel mit Essigwasser legen, damit sie sich nicht zu sehr verfärben. Schält man sie erst nach dem Garen, läuft der Saft nicht mehr aus, die Stangen haben aber einen etwas weniger intensiven Geschmack. Werden die Stangen in Brühe oder schon in der Sauce gegart, also besser vorher schälen. Will man sie später noch auf eine andere Art zubereiten, beispielsweise braten, kann man sie auch hinterher schälen. Leichter geht das übrigens nicht, da sich die Schale nicht in einem Stück ablösen lässt, man vermeidet nur den milchigen Saft.

Zubereitung: Schwarzwurzeln immer garen, sie schmecken dann als Salat, in Sauce, gebraten oder auch überbacken.

Spinat

Man unterscheidet vor allem den zarten Sommer- und den kräftigeren Winterspinat. Außerdem gibt es je nach Erntemethode den feinen Blattspinat, der über der Wurzel abgeschnitten wird und den kräftigen Wurzelspinat, der mit der Wurzel geerntet wird und den wir hauptsächlich aus der italienischen Küche kennen. Er hat dicke Stiele und wesentlich größere und festere, leicht gewellte Blätter. Generell hat der Winterspinat kräftigere Blätter. Blattspinat ist reich an Provitamin A und den Mineralstoffen Kalium, Magnesium und Eisen. Allerdings liegt sein Eisengehalt nicht so hoch, wie man früher dachte. Der angenommene hohe Wert beruhte lediglich auf einem Rechenfehler ...

Einkauf: Spinat muss knackig sein und darf kaum welke Blätter haben.

Vorbereitung: Spinat gründlich waschen, vor allem den unregelmäßig geformten Wurzelspinat am besten mehrmals, damit Sand und Erde komplett entfernt werden. Danach gut trockenschütteln. Vom großen Wurzelspinat auch die dicken fleischigen Stiele abknipsen.

Zubereitung: Zarter Spinat schmeckt auch roh, der kräftige Wurzelspinat besser blanchiert.

Steckrüben

Vielleicht weil sie in Hungerzeiten zu oft auf den Tisch kamen, erfreuen sie sich heutzutage vor allem bei älteren Menschen nicht gerade übergroßer Beliebtheit.

Dabei ist die wahrscheinlich aus einer Kreuzung von Kohlrabi und Herbstrübe entstandene Knolle nicht nur überaus vitamin- und mineralstoffreich (Provitamin A, C und Kalzium), sondern hat auch einen ganz besonderen, leicht herben Geschmack. Steckrüben können bis zu 1,5 kg schwer werden und ein weißes bis gelbes Fruchtfleisch haben. Auch die Schale kann weißlich bis braunrot sein.

Einkauf: Man kauft sie meist im Ganzen. Sie müssen dann fest und unverletzt, Stücke an den Schnittflächen nicht ausgetrocknet aussehen.

Vorbereitung: Steckrüben einfach nur schälen, dann je nach Rezept schneiden.

Zubereitung: Man kann Steckrüben auch als Rohkost mit einer leicht cremigen Sauce versuchen, besser schmecken sie aber gegart als Suppe oder Püree, gebraten oder in Scheiben gratiniert.

Topinambur

Wie Kartoffeln wächst Topinambur unter der Erde, ist aber nicht mit der Kartoffel verwandt. Geschmacklich erinnert die Wurzel eher an Artischocken, was ihr wohl den Beinamen Erdartischocke eingebracht hat. Tatsächlich ist Topinambur mit der Sonnenblume verwandt und bildet die Knollen im Spätherbst aus. Topinambur enthalten neben zahlreichen Vitaminen (vor allem der B-Gruppe) und Mineralstoffen (Phosphor, Eisen, Kalium und Kalzium) reichlich vom stärkehaltigen Kohlenhydrat Inulin, was sie auch für Diabetiker interessant macht.

Einkauf: Topinambur müssen knackig aussehen. Will man sie im Ganzen garen, sollten die Knollen außerdem in etwa die gleiche Größe haben, damit sie gleichzeitig gar werden. Topinambur bekommt man nicht in jedem Gemüsegeschäft, bestellen Sie die Knollen also bei Ihrem Händler vor oder kaufen Sie sie im Naturkosthandel, wo sie häufiger im Angebot sind.

Vorbereitung: Sie zu schälen ist etwas mühsam, weil sie selten glatt sind. Der manchmal beschriebene

Trick, sie kurz zu blanchieren und die Haut dann abzuziehen, hat nicht funktioniert. Am besten lassen sie sich im rohen Zustand wie eine runzelige Kartoffel mit dem Sparschäler schälen. Die Knollen dann gleich in Zitronenwasser legen, damit sie sich nicht verfärben. Nach dem Garen kann man die Haut in Stücken abziehen. Wenn Sie Topinambur aus Bioanbau kaufen, können Sie sie auch wie junge Kartoffeln gründlich abbürsten, mit der Schale garen und auch essen.

Zubereitung: Topinambur schmecken gebraten (vorher kochen), geschmort oder gedünstet am besten. Ihr an Artischocken erinnernder Geschmack passt gut zu anderen Gemüsesorten.

Weißkohl, Rotkohl

Kohl werden schon seit Jahrhunderten heilende und stärkende Kräfte nachgesagt. Und tatsächlich ist er eines der Wintergemüse mit dem höchsten Gehalt an Vitamin C. Außerdem enthält er jede Menge Mineralstoffe wie Kalzium, Kalium, Magnesium, Jod und Eisen.

Rotkohl ist meist etwas kleiner und schmeckt würziger und zugleich süßer. Er enthält zwar weniger Carotin als Weißkohl, dafür aber noch mehr Vitamin C und sekundäre Pflanzenstoffe wie Glucosinulate und Flavonoide, die gegen Tumorbildung wirken und Herz und Kreislauf stärken sollen.

Einkauf: Weißkohl und Rotkohl soll feste und pralle Köpfe haben, ein leichter Glanz auf den Blättern ist gut und kommt von einer Wachsschicht, die der Kohl selber bildet.

Vorbereitung: Zum Zerkleinern den Kohl am besten vierteln und den dicken Strunk in der Mitte keilförmig herausschneiden. Will man einen feinen Salat zubereiten, entfernt man auch die dicken Blattrippen. Diese entweder ganz ausschneiden oder mit einem Messer flach schneiden.

Zubereitung: Kohl schmeckt roh und gegart, vor allem Rotkohl entwickelt seinen Geschmack beim Garen erst nach einer Weile und harmoniert sehr gut mit Früchten wie Äpfeln, Birnen und auch Quitten.

Winterrettich

Schon unsere Vorfahren wussten, dass Rettich nicht nur gut schmeckt, sondern auch gesund ist. So soll er gegen Husten helfen, aber auch gut für die Verdauung sowie die Leber- und Nierenfunktion sein. Rettich enthält zahlreiche Vitamine und Mineralstoffe sowie das Senföl Raphanol, das ihm die Schärfe verleiht.

Einkauf: Die schwarzen Knollen sollen fest und prall aussehen.

Vorbereitung: Winterrettich wird wie der weiße Rettich geschält, danach aber noch kurz gewaschen.

Zubereitung: Rettich schmeckt roh als Salat oder Carpaccio, aber auch gegart, vor allem gebraten (etwa im Wok) ist er ganz ausgezeichnet.

Wirsing

Er steht in der Beliebtheit leicht hinter Weiß- und Rotkohl zurück, ist aber zarter als die beiden. Er hat etwas lockerer zusammenhängende Blätter und ist mehr oder weniger stark gekraust. Die äußeren, stärker gefärbten Blätter haben mehr Inhaltsstoffe als die inneren hellen. Das sind vor allem Vitamin C, E und K, reichlich Folsäure und die Mineralstoffe Kalium, Kalzium und Eisen.

Einkauf: Wirsing kann locker sein, soll aber keine welken und schlappen Blätter haben.

Vorbereitung: Die Blätter lassen sich leicht auseinander lösen und sollten gründlicher gewaschen werden als die von Weiß- und Rotkohl, da sich in den gekräuselten Blättern leichter Sand und Schmutz sammeln kann.

Zubereitung: Wirsing schmeckt gegart fast besser als roh, muss aber nur kurz gegart werden, um seinen Geschmack zu entfalten. Bissfest zubereitet ist er besonders gut.

Zuckerhut

Man kann ihn mit dem zarten Spitzkohl verwechseln, tatsächlich ist er aber ein Verwandter des Endiviensalates. Zuckerhut schmeckt würzig und leicht bitter. Die Bitterstoffe bildet er allerdings vor allem im Sommer aus. Im Winter, sobald die Temperaturen unter 5 °C sinken, wird in den Blättern Stärke in Zucker umgewandelt und der Salat schmeckt milder. Er ist also wirklich nur in der kalten Jahreszeit gut.

Einkauf: Der Kopf muss frisch und knackig aussehen und darf keine welken oder braunen Blätter haben.

Vorbereitung: Blätter wie beim Endiviensalat auseinander lösen und waschen. Zuckerhutsalat schmeckt am besten in feine Streifen geschnitten. Wer den leicht bitteren Geschmack entfernen will, legt die geschnittenen Blätter für kurze Zeit in Wasser.

Zubereitung: Zuckerhut schmeckt als Salat, mit einfachen, aber auch mit cremigen Dressings. Außerdem lässt er sich braten oder dünsten.

Salate
und Vorspeisen

Wintersalate mit gebackenem Ziegenkäse

Attraktive Vorspeise

Für 4 Portionen
*50 g Feldsalat, Portulak
oder zarter Spinat
1 Radicchio
1–2 Stauden Chicorée
(je nach Größe, eventuell
auch roter Chicorée)
2 Frühlingszwiebeln
100 g Champignons oder
Egerlinge (rosa Champignons)
1 EL Zitronensaft
2 EL Apfel- oder Cidreessig
1 TL scharfer Senf
1 TL Honig, Salz, Pfeffer
5 EL Olivenöl
4 kleine runde Ziegenkäse
(Crottin, je etwa 70 g)*

1 Salate verlesen beziehungsweise die Blätter auseinander lösen. Blattsalate in kaltem Wasser waschen und sehr gut trockenschütteln. Radicchio in Stücke zupfen, Chicorée in Streifen schneiden. Frühlingszwiebeln waschen, putzen und mit dem knackigen Grün in feine Ringe schneiden. Pilze vom Stielende befreien und mit einem leicht feuchten Küchenpapier sauber abreiben. Pilze in dünne Scheiben schneiden und mit dem Zitronensaft mischen.

2 Für die Salatsauce den Essig mit dem Senf, dem Honig, Salz und Pfeffer verrühren. Nach und nach 4 ½ EL Olivenöl unterschlagen, bis eine cremige Sauce entstanden ist.

3 Den Grill des Backofens vorheizen. Die Ziegenkäse nebeneinander in eine feuerfeste Form legen und mit dem übrigen Öl bepinseln. Käse unter den heißen Grillschlangen (etwa 10 cm Abstand) etwa 4 Minuten grillen, bis sie braun werden.

4 Salate, Zwiebelringe und Pilze mit der Salatsauce mischen, abschmecken und auf großen Tellern verteilen. Je 1 Ziegenkäse daneben legen und gleich servieren.

Zubereitungszeit: 20 Minuten

Tipp Dazu passt besonders gut knuspriges Baguette.

Varianten

◆ Statt der angegebenen Salatsorten können Sie das nehmen, was gerade im Angebot ist. So schmecken auch Zuckerhut oder Rucola sehr gut.

◆ Wenn Sie in Ihrer Nähe keinen kleinen Ziegenkäse bekommen, ersetzen Sie ihn durch Schafkäse (Feta), den Sie in Stücke schneiden und wie den Ziegenkäse mit etwas Öl beträufelt grillen.

Rote-Bete-Salat
mit Preiselbeer-Meerrettich-Dressing

Lässt sich gut vorbereiten

1 Die Roten Bete in Wasser zugedeckt je nach Größe in 40–60 Minuten weich kochen, abgießen und abkühlen lassen.

2 Für das Dressing den Schnittlauch waschen, trockenschwenken und in Röllchen schneiden. Mit der sauren Sahne, Preiselbeeren, Meerrettich, Essig, Salz und Pfeffer verrühren. Die Rote Bete schälen und würfeln. Mit dem Dressing mischen und abschmecken.

3 Den Portulak verlesen, waschen und trockenschwenken. Die Blättchen mit dem Olivenöl, Salz und Pfeffer mischen und auf Teller verteilen. Den Rote-Bete-Salat darauf verteilen und servieren.

Zubereitungszeit: etwa 1 Stunde – ohne Abkühlzeit

Für 4 Portionen
600 g Rote Bete
1/2 Bund Schnittlauch
2 EL saure Sahne
1 EL eingemachte Preiselbeeren
1 TL frisch geriebener Meerrettich
(ersatzweise 2 TL Meerrettich
aus dem Glas)
1 EL Rotweinessig
Salz, Pfeffer
100 g Portulak oder Feldsalat
1 EL Olivenöl

Rote-Bete-Carpaccio mit Winterrettich

Vitaminreiches als Vorspeise

1 Die Roten Bete schälen, putzen und in sehr feine Scheiben schneiden oder hobeln. Den Rettich schälen und zuerst in dünne Scheiben, dann in Streifen schneiden. Die Frühlingszwiebeln waschen, putzen und mit dem zarten Grün in feine Ringe schneiden.

2 Die Roten Bete dachziegelartig auf Tellern auslegen, mit Rettichstreifen und Zwiebelringen garnieren.

3 Für die Sauce den Senf mit dem Meerrettich, dem Essig, Salz, Pfeffer und Muskat verrühren. Die beiden Ölsorten gründlich unterschlagen. Die Sauce über die Roten Bete träufeln und das Carpaccio servieren.

Zubereitungszeit: 20 Minuten

Tipp Dazu schmeckt Bauernbrot oder aufgebackenes Fladenbrot.

Für 4 Portionen
400 g Rote Bete
1 Stück Winterrettich (etwa 150 g)
4 Frühlingszwiebeln
1 EL süßer Senf
1 TL frisch geriebener Meerrettich
2 EL Apfel- oder Cidreessig
Salz, frisch gemahlener Pfeffer
1 Prise geriebene Muskatnuss
3 EL Sonnenblumen- oder
Olivenöl
2 EL Kürbiskernöl

Topinambursalat mit grünen Bohnen und Salatstreifen

Aromatisch und leicht

Für 4 Portionen
600 g Topinambur
250 g grüne Bohnen
Salz
*50 g Endivien-, Eisberg-
oder Feldsalat*
½ unbehandelte Zitrone
1 ½–2 EL Cidreessig
*1 TL flüssiger Honig
oder Ahornsirup*
Pfeffer
*1 Prise gemahlener
Kreuzkümmel*
6 EL Oliven- oder Rapsöl
100 g Cocktailtomaten

1 Die Topinambur unter fließendem Wasser gründlich bürsten und in kochendem Wasser in 20–30 Minuten weich kochen. Lauwarm abkühlen lassen.

2 Inzwischen die Bohnen waschen, putzen und in kochendem Salzwasser in etwa 10 Minuten bissfest kochen. Abschrecken, abtropfen lassen und je nach Größe halbieren oder dritteln.

3 Die Salatblätter waschen, trockenschwenken und in feine Streifen schneiden. Die Zitronenhälfte heiß waschen und abtrocknen, die Schale dünn abreiben, den Saft auspressen.

4 Zitronensaft und -schale mit dem Essig, dem Honig, Salz, Pfeffer und Kreuzkümmel verrühren. Das Öl nach und nach unterschlagen. Die Cocktailtomaten waschen und halbieren.

5 Die Topinambur schälen und in dünne Scheiben schneiden. Mit den Bohnen, den Salatstreifen und dem Dressing mischen. Abschmecken und den Salat mit Cocktailtomaten garniert servieren.

Zubereitungszeit: 50 Minuten

Varianten

◆ Gut schmeckt der Salat auch mit einer Mischung aus Topinambur und Pastinaken (die Pastinaken nur etwa die Hälfte der Zeit kochen).

◆ Wenn Sie keine aromatischen Tomaten bekommen, nehmen Sie stattdessen eine gewürfelte rote Paprikaschote oder auch gehäutete Paprikaschoten aus dem Glas.

◆ Wer gerne cremige Salatsaucen mag, rührt eine aus Salatmayonnaise und saurer Sahne und schmeckt sie mit etwas Tomatenmark oder Ajvar, Zitronensaft, Salz, Pfeffer und Paprikapulver ab.

Pastinakenrohkost mit Datteln

Orientalische Mischung

Für 4 Portionen
400 g größere Pastinaken
10 fleischige Datteln
1/2 unbehandelte Orange
1 TL Ahornsirup
1/2 TL Harissa
3 EL Zitronensaft
je 1 Prise gemahlener
Koriander, Pfeffer und Zimt
Salz
5 EL Olivenöl
1/2 Bund Petersilie

1 Pastinaken schälen und fein raspeln. Datteln halbieren, entkernen und in feine Streifen schneiden.

2 Orangenhälfte heiß waschen, abtrocknen und die Schale fein abreiben. Saft auspressen. Orangensaft mit Orangenschale, Ahornsirup, Harissa und Zitronensaft verrühren und mit den Gewürzen und Salz abschmecken. Das Öl nach und nach unterschlagen.

3 Pastinaken und Datteln mit dem Dressing mischen und vor dem Servieren noch etwa 30 Minuten durchziehen lassen. Petersilie waschen und trockenschütteln, Blättchen fein hacken und auf die Rohkost streuen.

Zubereitungszeit: 20 Minuten + 30 Minuten Marinierzeit

Zuckerhutsalat mit Ingwer

Schmeckt auch mit zartem Weißkohl

Für 4 Portionen
1 unbehandelte Zitrone
1 Stück frischer Ingwer
(etwa 2 cm lang)
50 ml Sahne, Salz, Pfeffer
frisch geriebene Muskatnuss
1 TL Apfelkraut oder Honig
4 EL Sonnenblumenöl
1 säuerlicher Apfel
1 Bund Schnittlauch
1 kleiner Zuckerhut
(etwa 300 g)

1 Die Zitrone heiß waschen und abtrocknen, die Schale fein abreiben, den Saft auspressen. Ingwer schälen und sehr fein hacken oder reiben. Sahne mit Zitronensaft und -schale, Ingwer, Salz, Pfeffer, Muskat und Apfelkraut verrühren. Das Öl unterschlagen.

2 Den Apfel gründlich waschen oder schälen und vierteln, vom Kerngehäuse befreien und in feine Schnitze schneiden. Schnittlauch waschen, trockenschwenken und in feine Röllchen schneiden. Zuckerhut waschen, putzen und in sehr feine Streifen schneiden.

3 Apfel und Zuckerhut mit dem Ingwerdressing mischen, abschmecken und den Salat mit dem Schnittlauch bestreut servieren.

Zubereitungszeit: 30 Minuten

Schwarzwurzelsalat
mit Honigdressing und Räucherfisch

Feine Vorspeise

1 Die Schwarzwurzeln gründlich abbürsten und schälen. Die geschälten Stangen in eine Schüssel mit Wasser und Essig legen, damit sie hell bleiben. Die Schwarzwurzeln in etwa 5 cm lange Stücke schneiden.

2 Die Schwarzwurzeln mit 300 ml Wasser und Salz zum Kochen bringen und zugedeckt bei schwacher bis mittlerer Hitze 20–25 Minuten garen. Dann abgießen und abtropfen lassen, dabei die Garflüssigkeit auffangen.

3 Die Petersilie waschen, trockenschwenken und die Blättchen mit der Chilischote fein hacken. Den Honig mit dem Essig und 4 EL Schwarzwurzelsud verrühren, mit Salz, Pfeffer und Zimt würzen. Das Öl unterschlagen, gehackte Petersilie und Chili untermischen.

4 Die Schwarzwurzeln mit dem Dressing mischen und mindestens 15 Minuten ziehen lassen. Die Forellenfilets der Länge nach halbieren und auf Tellern anrichten. Den Salat daneben verteilen und servieren.

Zubereitungszeit: 45 Minuten

Varianten

◆ Statt Räucherfisch passt zum Salat auch gekochter Schinken sehr gut. Ebenfalls fein: Hähnchen- oder Kaninchenfilets in Butter und Öl braten, in Scheiben schneiden und warm dazu servieren.

◆ Statt Schwarzwurzeln können Sie für den Salat auch Topinambur nehmen, die Sie nach dem Waschen in Wasser je nach Größe in 15–25 Minuten weich kochen, etwas ausdämpfen lassen und dann schälen. Die Topinambur in etwa 1 cm dicke Scheiben schneiden und mit dem Dressing mischen.

◆ Statt Honig können Sie auch mal Apfelkraut, Birnendicksaft oder Ahornsirup verwenden.

Für 4 Portionen
600 g Schwarzwurzeln
3 EL Weißweinessig
Salz
1/4 Bund Petersilie
1 winziges Stück Chilischote
2 TL aromatischer Honig
2 EL Balsamico bianco
Pfeffer, 1 Prise Zimtpulver
4 EL Olivenöl
2 geräucherte Forellenfilets

Portulaksalat mit Zwetschgen

Fruchtig und frisch

Für 4 Portionen
150 g Portulak
8 Zwetschgen
10 Walnusskerne
1/2 unbehandelte Zitrone
1 EL Zwetschgenmus
2 EL Himbeer- oder Cidreessig
Salz, Pfeffer
1 Prise geriebene Muskatnuss
4 EL Rapsöl (am besten kalt gepresst)
100 g Gorgonzola oder Roquefort

1 Den Portulak verlesen, in stehendem kaltem Wasser waschen und trockenschütteln. Die Zwetschgen waschen und halbieren, vom Stein befreien und in Streifen schneiden. Walnüsse in Stücke brechen. Die Zitronenhälfte heiß waschen und abtrocknen, ein Stück Schale abschneiden und in feine Streifen schneiden.

2 Für das Dressing Zwetschgenmus mit Essig, Salz, Pfeffer und Muskat verrühren. Öl unterschlagen. Portulak mit Zitronenschale und Dressing locker mischen und auf Teller verteilen.

3 Käse in kleine Würfel schneiden oder bröckeln und mit den Zwetschgen und den Walnusskernen auf dem Portulak verteilen.

Zubereitungszeit: 20 Minuten

Varianten

◆ Den Portulak durch Feldsalat oder eine Mischung aus Radicchio, Chicorée und Rucola ersetzen.

◆ Statt der Zwetschgen schmecken auch Birnenschnitze oder Quittenwürfel gut. In beiden Fällen die Früchte schälen, vom Kerngehäuse befreien und in Schnitze oder Würfel schneiden. In zerlassener Butter braten, die Birnenschnitze nur ein paar Minuten, bis sie braun sind. Die Quitten ebenfalls anbraten, dann mit etwas Portwein ablöschen und zugedeckt bei schwacher Hitze bissfest garen. Birnen oder Quitten lauwarm auf dem Salat anrichten.

◆ Wer Gorgonzola nicht mag, kann stattdessen auch einen mittelalten Pecorino oder einen milden Frischkäse nehmen.

Fett'unta mit Grünkohl

Gibt's in der Toskana mit Cavolo nero

Für 4 Portionen
500 g Grünkohl
6 Knoblauchzehen
Salz
2 Zweige Rosmarin
2 Lorbeerblätter
8 Scheiben italienisches
Weißbrot
4–6 EL Olivenöl

1 Den Grünkohl waschen und die Blätter von den Stielen streifen. 2 Knoblauchzehen schälen.

2 In einem Topf etwa 3 cm hoch Wasser zum Kochen bringen, den geschälten Knoblauch, Salz und die Kräuter dazugeben. Den Grünkohl darin zugedeckt bei mittlerer Hitze in etwa 30 Minuten bissfest garen.

3 Die übrigen Knoblauchzehen schälen, die Brotscheiben rösten. Grünkohl abtropfen lassen und in eine Schüssel geben. Bei Tisch reibt sich jeder seine Brotscheiben mit Knoblauch ein, belegt sie mit Grünkohl und beträufelt sie mit etwas Öl.

Zubereitungszeit: 35 Minuten

Lauwarmer Spinat mit Pinienkernen

Vorspeise oder Beilage

Für 4 Portionen
1/2 unbehandelte Zitrone
2 Knoblauchzehen
1/4 Bund Petersilie
Salz, Pfeffer
1 Prise Cayennepfeffer
5 EL Olivenöl
600 g Spinat
4 EL Pinienkerne

1 Zitronenhälfte waschen und abtrocknen, die Schale fein abreiben, Saft auspressen. Knoblauch schälen und sehr fein hacken. Petersilie waschen, trockenschwenken und die Blättchen sehr fein hacken. Zitronenschale und -saft mit Knoblauch, Petersilie, Salz, Pfeffer und Cayennepfeffer verrühren. 4 EL Olivenöl kräftig unterschlagen.

2 Spinat verlesen und von den dicken Stielen befreien. In stehendem kaltem Wasser mehrmals gründlich waschen. Salzwasser zum Kochen bringen und den Spinat darin 2–3 Minuten garen, bis die Blätter zusammen gefallen sind. In ein Sieb schütten, ganz kurz kalt abspülen und abtropfen lassen. Spinat mit dem Dressing vermischen und auf Tellern verteilen.

3 Übriges Öl erhitzen und die Pinienkerne darin bei mittlerer Hitze unter Rühren goldgelb rösten. Auf dem Spinat verteilen und rasch servieren.

Zubereitungszeit: 25 Minuten

Tipp Die passende Beilage zu diesem Salat ist Ciabatta.

Gemüsesalat mit Orangen und Meerrettich-Dressing

Vitaminreiches zum Sattessen

1 Kürbis schälen, von den Kernen und dem weichen Inneren befreien und das Fruchtfleisch in etwa 2 cm große Würfel schneiden. Rosenkohl von den äußeren welken Blättern befreien und den Strunk jeweils keilförmig einschneiden. Wirsing waschen, putzen und in dickere Streifen schneiden. Brokkoli waschen, die Röschen abschneiden, Stiel schälen und in Scheiben schneiden. Den Chicorée waschen und in feine Streifen schneiden.

2 Die Gemüsebrühe in einem weiten Topf erhitzen. Den Rosenkohl 2 Minuten vorgaren, dann den Brokkoli, den Kürbis und den Wirsing dazugeben und das Gemüse zugedeckt bei mittlerer Hitze in etwa 7 Minuten bissfest garen. Chicorée untermischen und nur zusammen fallen lassen. Das Gemüse in einem Sieb gut abtropfen lassen, dabei den Sud auffangen.

3 Während das Gemüse gart, die Orangenschale so abschneiden, dass auch die weiße Haut mit entfernt wird. Orangenfilets zwischen den Trennwänden herausschneiden, den Saft, der dabei ausläuft, in einer kleinen Schüssel auffangen. Orangensaft mit Essig, Senf, Salz, Pfeffer und Zucker verrühren. 2 EL Gemüsebrühe untermischen, dann das Öl unterschlagen. Die Sauce mit dem Gemüse vermischen und den Salat abkühlen lassen.

4 Vor dem Servieren Meerrettich schälen und fein reiben. Mit der sauren Sahne mischen und mit Salz abschmecken. Die Kresse vom Beet schneiden. Gemüsesalat abschmecken und mit den Orangenfilets auf Tellern verteilen. Meerrettichsahne in Tupfen darauf verteilen. Salat mit der Kresse bestreuen und servieren.

Zubereitungszeit: 50 Minuten

Tipps

◆ Zu diesem Salat schmecken Kümmelstangen oder Sonnenblumenbrötchen.

◆ Die restliche Gemüsebrühe ist durch das Gemüse noch mal so gut geworden. Also in keinem Fall wegschütten, sondern als Basis für eine Gemüsesuppe verwenden, man kann sie sogar mit Wasser oder Wein noch etwas verdünnen.

◆ Die Gemüsebrühe in Eiswürfelbehälter füllen und einfrieren. So hat man eine gute Basis für feine Saucen.

Für 4 Portionen

1 Stück Kürbis (etwa 400 g)
200 g Rosenkohl
¼ Wirsing (etwa 250 g)
1 Brokkoli (etwa 250 g)
1 Chicorée
½ l Gemüsebrühe
2 Orangen
3 EL Weißwein- oder Cidreessig
1 TL scharfer Senf
Salz, Pfeffer, 1 Prise Zucker
4 EL Rapsöl
1 Stück frischer Meerrettich
(etwa 2 cm lang)
100 g saure Sahne
1 Kästchen Gartenkresse

Rote-Bete-Sülze
mit Apfelvinaigrette

Was Leichtes, das schön aussieht

Für 6 Portionen
Für die Sülze:
2 kleinere Rote Bete (etwa 300 g)
1/4 l trockener Weißwein
(ersatzweise heller ungesüßter Traubensaft)
Salz, Pfeffer
5 Blatt helle Gelatine
1 EL Rotwein- oder Himbeeressig
1 EL Johannisbeer- oder Quittengelee

Für die Vinaigrette:
1/2 Bund Schnittlauch
2 EL Cidreessig oder Zitronensaft
2 EL naturtrüber Apfelsaft
1 TL Honig
Salz, Pfeffer
1 Prise gemahlener Kümmel
4 EL Rapsöl
1 säuerlicher Apfel (z. B. Elstar oder Breaburn)
1 Stück frischer Meerrettich
2 EL Kürbiskernöl

1 Die Roten Bete schälen und in kleine Würfel schneiden. Mit dem Wein und 1/8 l Wasser in einen Topf geben und erhitzen. Mit Salz und Pfeffer würzen und zugedeckt bei schwacher Hitze in etwa 40 Minuten weich köcheln lassen.

2 Die Gelatine etwa 10 Minuten in kaltem Wasser einweichen. Die Roten Bete vom Herd ziehen und etwas abkühlen lassen. Mit dem Essig, dem Gelee, Salz und Pfeffer abschmecken. Die Gelatine gut ausdrücken und unter die Rote Bete mischen.

3 Eine Kastenform von etwa 3/4 l Inhalt kalt ausspülen. Die Rote-Bete-Mischung in die Form füllen und die Sülze im Kühlschrank in 4–6 Stunden fest werden lassen.

4 Für die Vinaigrette Schnittlauch waschen, trockenschwenken und in feine Röllchen schneiden. Essig mit Apfelsaft, Honig, Salz, Pfeffer und Kümmel verrühren. Das Öl unterschlagen, bis eine cremig Sauce entstanden ist.

5 Apfel gründlich waschen oder schälen, vierteln und vom Kerngehäuse befreien. Die Viertel in kleine Würfel schneiden und mit dem Schnittlauch unter die Salatsauce mischen, damit sich die Apfelwürfel nicht verfärben. Meerrettich schälen.

6 Sülze mit einem Messer vom Rand der Form lösen und die Form kurz in heißes Wasser tauchen. Sülze vorsichtig auf ein Brett stürzen. In Scheiben schneiden und jeweils 2 davon auf Tellern anrichten. Apfelvinaigrette neben den Scheiben verteilen. Den Meerrettich in feinen Spänen darüber hobeln. Jeweils etwas Kürbiskernöl darüber träufeln und die Vorspeise servieren.

Zubereitungszeit: 45 Minuten + 4–6 Stunden Kühlzeit

Tipps
◆ Dazu schmeckt Bauernbrot oder Vollkornbaguette.
◆ Die Sülze können Sie gut schon am Vortag zubereiten und bis zum Servieren zugedeckt im Kühlschrank aufbewahren.

Chicoréetartes mit Sellerie-Radicchio-Salat

Schmeckt als Vorspeise oder kleiner Imbiss

Für 4 Portionen
Für den Teig:
150 g Mehl
Salz
60 g kalte Butter
1 Eigelb

Für den Belag:
150 g Chicorée
Salz
1 Zweig frischer Estragon
oder Thymian
80 g frisch geriebener
Bergkäse
2 EL saure Sahne
1 kleines Ei
Cayennepfeffer

Für den Salat:
1 Stück Knollensellerie
1 kleiner Radicchio
2 EL Apfelessig
2 TL Quitten- oder Apfelgelee
1 TL mittelscharfer Senf
Salz
Pfeffer
4 EL Rapsöl
1/2 Bund Schnittlauch

1 Für den Teig Mehl mit einer kräftigen Prise Salz, der Butter in kleinen Stücken und dem Eigelb zu einem glatten geschmeidigen Teig verkneten. Teig vierteln und je 1 Tartelettförmchen von 10 cm Durchmesser damit auskleiden, dabei auch einen Rand formen. Den Teig in den Förmchen etwa 1 Stunde kühl stellen.

2 Für den Belag Chicorée waschen, halbieren und den Strunk keilförmig herausschneiden. Chicorée in feine Streifen schneiden und in einem Topf mit wenig Wasser und Salz zum Kochen bringen. Chicorée etwa 1 Minute garen, abgießen, abschrecken und abtropfen lassen.

3 Den Backofen auf 200 °C (Umluft 180 °C) vorheizen. Estragon oder Thymian waschen und trockenschütteln, die Blättchen von den Stielen zupfen, den Estragon hacken. Chicorée, Estragon oder Thymian, Käse, saure Sahne und Ei mischen und mit Cayennepfeffer und wenig Salz abschmecken. Die Mischung in die Förmchen füllen und im Ofen (Mitte) 20–25 Minuten backen, bis sie schön gebräunt ist.

4 Inzwischen für den Salat Sellerie schälen und erst in dünne Scheiben, dann in sehr feine Streifen schneiden. Radicchio in die einzelnen Blätter teilen, waschen, trockenschwenken und ebenfalls in feine Streifen schneiden. Essig mit Gelee, Senf, Salz und Pfeffer verrühren. Das Öl nach und nach unterschlagen. Sauce mit Sellerie und Radicchio mischen und kurz ziehen lassen. Schnittlauch waschen, trockenschwenken und in feine Röllchen schneiden. Auf den Salat streuen.

5 Die Chicoréetartes kurz stehen lassen, aus den Förmchen lösen und auf Teller verteilen. Salat daneben anrichten, servieren.

Zubereitungszeit: 50 Minuten + 1 Stunde Kühlzeit

Gebratene Pilze auf Feldsalat

Ganz frisch servieren

1 Feldsalat verlesen, waschen und gut trockenschwenken. Balsamico mit Salz, Pfeffer und Honig verrühren, 4 EL Olivenöl nach und nach unterschlagen.

2 Pilze mit Küchenpapier sauber abreiben, Stielenden abschneiden. Pilze in Scheiben schneiden und mit dem Zitronensaft mischen. Eine Pfanne erhitzen und die Pinienkerne darin mit ganz wenig Öl goldgelb rösten, beiseite stellen.

3 Übriges Öl in der Pfanne erhitzen, die Pilze darin bei mittlerer Hitze 5–6 Minuten braten. Dabei immer wieder durchrühren.

4 Inzwischen Knoblauch schälen und sehr fein würfeln. Die Petersilie waschen, trockenschwenken und die Blättchen fein hacken. Beides unter die Pilze rühren und noch kurz weiterbraten. Salat mit Dressing mischen und auf Tellern verteilen. Pilze salzen, pfeffern, auf dem Salat anrichten, mit Pinienkernen bestreuen.

Zubereitungszeit: 25 Minuten

Für 4 Portionen
200 g Feldsalat
2 EL Aceto balsamico
Salz, Pfeffer
1 TL Honig
7 EL Olivenöl
400 g Egerlinge (rosa Champignons), Champignons oder Steinpilze
1 EL Zitronensaft
2 EL Pinienkerne
2 Knoblauchzehen
1/2 Bund Petersilie

Gegrillte Steckrüben mit Kapern-Sardellen-Sauce

Ungewöhnlich gut

1 Steckrübe schälen und in knapp 1/2 cm dicke Scheiben schneiden. In kochendem Salzwasser etwa 10 Minuten vorkochen, kalt abschrecken und abtropfen lassen. Größere Scheiben in Stücke schneiden. Zwiebeln schälen und achteln.

2 Den Backofengrill vorheizen. Eine feuerfeste Form mit etwas Öl ausstreichen. Gemüse hineinlegen, salzen, pfeffern, mit etwas Öl beträufeln und etwa 10 Minuten grillen, bis es gebräunt und weich ist.

3 Inzwischen Sellerie waschen, putzen und sehr klein würfeln. Petersilie waschen und trockenschwenken, Blättchen abzupfen und sehr fein hacken. Sardellenfilets ebenfalls fein hacken. Kapern abtropfen lassen und mit Sellerie, Petersilie, Sardellen und übrigem Öl verrühren, salzen und pfeffern.

4 Gemüse auf einer Platte verteilen. Wein in die Form gießen und den Bratsatz damit lösen. Zur Kapernmischung geben. Den Zitronensaft unterrühren und die Sauce über dem Gemüse verteilen. Warm oder abgekühlt servieren.

Zubereitungszeit: 30 Minuten

Für 4 Portionen
1/2 Steckrübe (etwa 500 g)
Salz, 4 rote Zwiebeln
6 EL Olivenöl, Pfeffer
1 Stange Sellerie
1/2 Bund Petersilie
4 Sardellenfilets in Öl
1 EL kleine Kapern
50 ml trockener Weißwein
2 EL Zitronensaft

Schwarzwurzeln in Petersilienschinken

Vorspeise oder kleiner Imbiss

Für 4 Portionen
400 g Schwarzwurzeln
2 Frühlingszwiebeln
½ Bund Petersilie
150 g roher Schinken
in dünnen Scheiben
1 größeres Stück
unbehandelte Zitronenschale
1 TL scharfer Senf
2 EL Balsamico bianco
Salz, Pfeffer
4 EL Olivenöl
100 g Feldsalat
1 EL Butter, 1 EL Öl

1 Die Schwarzwurzeln gründlich unter fließendem Wasser sauber bürsten und in der Schale in kochendem Wasser in etwa 20 Minuten weich garen. Kalt abschrecken, etwas abkühlen lassen und die Schale abziehen. Die geschälten Schwarzwurzeln in etwa 5 cm lange Stücke schneiden.

2 Die Frühlingszwiebeln waschen, putzen und mit dem Grün sehr fein hacken. Die Petersilie waschen, trockenschwenken und die Blättchen ebenfalls fein hacken. Den Schinken in Stücke schneiden, die so groß sind, dass man jeweils ein Schwarzwurzelstück darin einwickeln kann. Frühlingszwiebeln und Petersilie mischen und auf den Schinkenstücken verteilen. Schwarzwurzelstücke darin einwickeln.

3 Für die Vinaigrette die Zitronenschale sehr fein hacken und mit Senf, Essig, Salz und Pfeffer gründlich verrühren. Das Olivenöl unterschlagen. Den Feldsalat verlesen, gründlich waschen und trockenschwenken.

4 In einer Pfanne Butter und Öl erhitzen. Die Schwarzwurzelpäckchen darin bei mittlerer Hitze unter Wenden etwa 5 Minuten braten, bis sie schön gebräunt sind.

5 Feldsalat auf Teller verteilen. Schwarzwurzelpäckchen darauf anrichten, mit der Vinaigrette beträufeln und servieren.

Zubereitungszeit: 45 Minuten

Tipps

◆ Zu dieser leckeren Vorspeise schmeckt am besten Baguette.

◆ Setzen Sie die Schwarzwurzelpäckchen mit der »offenen« Seite nach unten in die Pfanne, damit der Schinken sich nicht öffnet. Wenn das doch einmal passiert, ist es auch nicht weiter schlimm, da ja nichts auslaufen kann. Es sieht nur einfach nicht mehr ganz so schön aus.

Variante

Durch die Wahl der Kräuter können Sie dem Gericht immer wieder eine neue Note geben. So schmeckt auch Borretsch sehr gut oder eine Mischung aus verschiedenen Kräutern wie Zitronenmelisse, Oregano und Dill.

Aus dem
Suppentopf

Pastinakensuppe mit Kresse und Kümmelzwiebeln

Preiswert und gut

Für 4 Portionen
500 g Pastinaken
1 Kartoffel (etwa 120 g)
1 l Gemüsebrühe
2 rote Zwiebeln
1 EL Butterschmalz
Salz
ca. 1 TL gemahlener Kümmel
50 ml Sahne
½ Kästchen Gartenkresse

1 Die Pastinaken und die Kartoffel schälen, waschen und in Würfel schneiden. Mit der Brühe zum Kochen bringen und zugedeckt bei schwacher bis mittlerer Hitze in etwa 15 Minuten weich kochen.

2 Inzwischen die Zwiebeln schälen, halbieren und in feine Streifen schneiden. Das Butterschmalz in einer Pfanne erhitzen und die Zwiebelstreifen darin bei schwacher Hitze in etwa 10 Minuten weich garen. Mit Salz und Kümmel würzen und die Hitze etwas höher schalten. Noch 2–3 Minuten weiter braten, bis die Zwiebeln goldbraun sind.

3 Die Suppe im Topf pürieren und mit der Sahne mischen. Mit Salz abschmecken. Die Kresse vom Beet schneiden. Die Suppe in Teller verteilen, mit Zwiebeln und Kresse garnieren. Heiß servieren.

Zubereitungszeit: 25 Minuten

Tipp Dazu schmecken Brezen oder Vintschgauer.

Steckrübensuppe mit Sauerampfer

Schnell fertig und eindrucksvoll

Für 4 Portionen
500 g Steckrüben
1 kleine Kartoffel
2 Zwiebeln
2 EL Butter
2 TL Madras-Currypulver
1 l Gemüsebrühe
50 g Sauerampfer
150 ml Sahne
2 EL Mandelblättchen
Salz, Pfeffer

1 Steckrüben und Kartoffel schälen und in kleine Würfel schneiden. Zwiebeln schälen und fein hacken.

2 Butter (bis auf 1 TL) in einem Topf zerlassen. Steckrüben- und Kartoffelwürfel darin mit den gehackten Zwiebeln andünsten. Currypulver darüber stäuben und kurz anschwitzen. Alles mit der Brühe aufgießen und zum Kochen bringen. Suppe zugedeckt bei schwacher Hitze 15–20 Minuten garen, bis das Gemüse weich ist.

3 Sauerampfer waschen, trockenschütteln und in sehr feine Streifen schneiden. Suppe im Topf pürieren. Sauerampfer mit der Sahne untermischen. Übrige Butter in einem Pfännchen zerlassen, Mandelblättchen darin goldgelb rösten. Suppe mit Salz und Pfeffer abschmecken und mit den Mandelblättchen bestreut servieren.

Zubereitungszeit: 35 Minuten

Maronencremesuppe mit Pilzen

Schmeckt am besten vor einem leichten Hauptgericht

1 Den Sellerie schälen und in kleine Würfel schneiden. Zwiebel und Knoblauch schälen und fein hacken. Maronen in Stücke brechen.

2 Die Hälfte der Butter in einem Suppentopf schmelzen. Zwiebel, Knoblauch und Sellerie darin unter Rühren kurz anbraten. Maronen, Brühe und Milch dazugeben und alles zum Kochen bringen. Die Suppe mit Salz, Pfeffer und Koriander abschmecken und zugedeckt bei mittlerer Hitze 15–20 Minuten garen, bis der Sellerie schön weich ist.

3 Inzwischen Steinpilze mit einem feuchten Küchenpapier sauber abreiben, die Stiele mit einem Messer putzen. Pilze in feine Scheiben schneiden. Thymian waschen, trockenschütteln und die Blättchen von den Stielen streifen.

4 Restliche Butter in einer Pfanne erhitzen. Die Pilze darin mit dem Thymian bei schwacher bis mittlerer Hitze 8–10 Minuten braten, dabei gelegentlich umrühren. Die Pilze salzen und pfeffern.

5 Die Suppe im Topf pürieren, mit der Sahne mischen und mit dem Zitronensaft, Salz und Pfeffer abschmecken. Suppe in tiefe Teller verteilen, mit Pilzen garnieren und servieren.

Für 4 Portionen
1 Stück Knollensellerie
(etwa 200 g)
1 Zwiebel
2 Knoblauchzehen
250 g gegarte geschälte
Maronen (vakuumverpackt)
4 EL Butter
1 l Gemüse- oder Fleischbrühe
1/8 l Milch, Salz, Pfeffer
1 TL gemahlener Koriander
250 g Steinpilze
4 Zweige frischer Thymian
100 ml Sahne
1 EL Zitronensaft

Zubereitungszeit: 30 Minuten

Tipps

◆ Zu dieser Suppe schmeckt geröstetes Weißbrot oder Toast.

◆ Pilze sollten Sie nur waschen, wenn sie sehr schmutzig sind, da sie sich leicht mit Wasser vollsaugen und dann nicht mehr so viel Geschmack haben. Besser die Enden mit einem Messer säubern und die Pilzhüte mit einem leicht feuchten Küchentuch sauber abreiben.

Varianten

◆ Statt Sellerie können Sie auch Pastinaken, Topinambur oder Kürbis nehmen.

◆ Einen Teil der Brühe durch Wein oder Sherry ersetzen.

Kürbissuppe
mit Chili-Maronen

Sieht schön aus und schmeckt fein

Für 4 Portionen
1 Stück Kürbis (etwa 800 g)
100 g mehlig kochende
Kartoffeln
1 Zwiebel
2 Knoblauchzehen
2 EL Butter
1 l Gemüse- oder Hühnerbrühe
1 rote Chilischote
2 Frühlingszwiebeln
100 g gegarte geschälte
Maronen (vakuumverpackt)
1 EL Olivenöl
Salz, Pfeffer
2 EL Aceto balsamico oder
Balsamico bianco
einige Basilikumblättchen

1 Den Kürbis von den Kernen mit dem faserigen Inneren befreien, schälen und das Fruchtfleisch in kleine Würfel schneiden. Kartoffeln, Zwiebel und Knoblauch schälen und klein würfeln.

2 Im Suppentopf 1 EL Butter zerlassen. Kürbis mit Zwiebel, Knoblauch und Kartoffeln darin kurz andünsten. Brühe angießen und zum Kochen bringen. Die Suppe zugedeckt 10–15 Minuten garen, bis Kürbis und Kartoffeln schön weich sind.

3 Inzwischen die Chilischote waschen, putzen und fein hacken. Frühlingszwiebeln waschen, putzen und mit dem zarten Grün in feine Ringe schneiden. Die Maronen in kleinere Stücke brechen.

4 Die übrige Butter mit dem Öl in einer Pfanne erhitzen. Chili und Maronen darin unter Rühren 2–3 Minuten braten. Frühlingszwiebelringe untermischen, Maronen mit Salz abschmecken.

5 Die Suppe im Topf fein pürieren, mit Salz, Pfeffer und Balsamico abschmecken und in Teller verteilen. Mit den Chili-Maronen und Basilikumblättchen anrichten.

Zubereitungszeit: 35 Minuten

Tipps

◆ Basilikum kann man oft nur im Topf und nur auf größeren Märkten als Bund kaufen. Wenn Sie die Töpfe auf dem Markt sehen, entscheiden Sie sich für eins mit roten Blättern oder so genanntes griechisches Basilikum mit kleinen grünen Blättern. Sie sind nicht nur als Pflanze robuster, sondern haben auch ein intensiveres Aroma.

◆ Wenn Sie Basilikum ernten, keine einzelnen Blätter abzupfen, sondern ganze Stängel über den untersten Blättern. So kann die Pflanze besser nachwachsen und neue Blätter bilden.

Borschtsch

Russisches Nationalgericht

Für 4 Portionen
500 g Rote Bete
1 Möhre
1 kleine weiße Rübe (Navet
oder Teltower Rübchen)
1 große Zwiebel
500 g Rindfleisch zum
Schmoren (Wade oder
Schulter)
2 EL Butterschmalz
1 1/2 l Fleischbrühe
2 Lorbeerblätter
Salz, Pfeffer
2 EL Rotweinessig
1 TL Zucker
250 g Weißkohl
je 1/4 Bund Dill und
Petersilie

1 Die Roten Bete, die Möhre und die weiße Rübe schälen und alles klein würfeln. Die Zwiebel schälen und fein hacken. Das Fleisch trockentupfen.

2 Das Butterschmalz in einem großen Topf erhitzen und das Gemüse mit der Zwiebel darin gut anbraten. Mit der Brühe aufgießen und zum Kochen bringen. Lorbeerblätter dazugeben, Brühe mit Salz, Pfeffer, Essig und Zucker abschmecken. Fleisch in die Brühe legen und alles zugedeckt bei schwacher Hitze etwa 1 1/2 Stunden garen, bis das Fleisch weich ist.

3 Den Kohl waschen und putzen, in feine Streifen schneiden. Das Fleisch aus dem Topf nehmen und in kleine Würfel schneiden. Die Fleischwürfel mit dem Kohl wieder unter die Suppe mischen und alles nochmals etwa 20 Minuten garen, bis die Kohlstreifen bissfest sind.

4 Kräuter waschen und trockenschwenken, von den groben Stielen befreien und fein hacken. Die Suppe abschmecken und die Kräuter untermischen.

Zubereitungszeit: 2 Stunden

Tipp Dazu schmeckt saure Sahne, je ein Klecks auf jedem Teller Suppe, und würziges Bauernbrot.

Varianten

◆ Wer mag, nimmt statt Rindfleisch Lamm oder auch Schweinefleisch und etwas geräucherten Speck oder Kasseler in kleinen Würfeln.

◆ Der Weißkohl lässt sich durch Wirsing, Rotkohl oder auch Sauerkraut ersetzen. Und wer mag, gart geschälte Kartoffeln, würfelt sie und mischt sie zum Schluss unter den Borschtsch. Mit im Borschtsch garen sollten Sie Kartoffeln nicht, sie machen ihn sonst trüb.

Spinat-Kräuter-Suppe mit Croûtons

Vitaminreich und leicht

1 Spinat und Kräuter von allen dicken Stielen und welken Blättern befreien, gründlich waschen, abtropfen lassen und sehr fein hacken. Zwiebeln und Knoblauch schälen und sehr fein würfeln.

2 In einem Suppentopf 1 EL Butter mit dem Öl erhitzen. Zwiebeln und Knoblauch darin andünsten. Spinat und Kräuter dazugeben und unter Rühren garen, bis die Blätter zusammen fallen. Das Mehl darüber stäuben und gut anschwitzen. Die Brühe angießen und zum Kochen bringen. Die Suppe offen etwa 10 Minuten bei schwacher Hitze köcheln lassen. Dann Sahne untermischen und die Suppe mit Salz, Pfeffer und Cayennepfeffer abschmecken.

3 Toastbrot entrinden und in kleine Würfel schneiden. Übrige Butter bei mittlerer Hitze schmelzen, die Brotwürfel darin rundherum knusprig braten. Die Suppe damit bestreuen und sofort servieren.

Zubereitungszeit: 30 Minuten

Für 4 Portionen
600 g Spinat
200 g gemischte Kräuter
(Sauerampfer, Borretsch,
Zitronenmelisse, Petersilie
und Oregano)
2 rote Zwiebeln
6 Knoblauchzehen
2 EL Butter, 1 EL Öl
1 EL Mehl
1 l Gemüsebrühe
100 ml Sahne oder Crème double
Salz, Pfeffer
1 Prise Cayennepfeffer
2 Scheiben Toastbrot

Rosenkohl-Meerrettich-Suppe mit roten Linsen

Vorspeise oder kleines Abendessen

1 Rosenkohl von allen welken Blättern befreien, waschen, längs halbieren und quer in Scheiben schneiden. Schalotten schälen und sehr fein hacken. Meerrettich schälen und sehr fein reiben, etwa ein Drittel zugedeckt beiseite legen.

2 Butter in einem Topf zerlassen und den Zucker darin schmelzen. Schalotten und Meerrettich darin andünsten, den Rosenkohl kurz mitgaren. Die Linsen untermischen, mit der Brühe aufgießen und alles zum Kochen bringen. Suppe zugedeckt bei schwacher Hitze etwa 15 Minuten garen, bis die Linsen weich sind.

3 Inzwischen den Schnittlauch waschen, trockenschwenken und in feine Röllchen schneiden. Mit dem übrigen Meerrettich mischen. Die Suppe mit Salz abschmecken und in vorgewärmte Teller füllen. Mit der Schnittlauch-Meerrettich-Mischung bestreuen und servieren.

Zubereitungszeit: etwa 1 Stunde – ohne Abkühlzeit

Für 4 Portionen
400 g Rosenkohl
2 Schalotten
1 Stück frischer Meerrettich
(etwa 3 cm lang)
1 EL Butter
2 TL Zucker
125 g rote Linsen
1 l Gemüsebrühe
1 Bund Schnittlauch
Salz

Gerstensuppe mit Kalbfleisch, Wirsing und Rosenkohl

Sättigende Suppe für kalte Tage

Für 4 Portionen
1 Zwiebel
400 g Kalbsgulasch
1 ½ EL Butter
1 TL Kümmelkörner
2 TL edelsüßes Paprikapulver
80 g Rollgerste (Graupen)
1 ¼ l Fleischbrühe
200 g Wirsing
200 g Rosenkohl
2 EL Crème fraîche
Salz
frisch gemahlener Pfeffer
nach Belieben
2 Frühlingszwiebeln

1 Die Zwiebel schälen und fein würfeln. Das Kalbsgulasch in noch kleinere Stücke schneiden.

2 Die Butter im Suppentopf zerlassen, die Zwiebel mit dem Fleisch, dem Kümmel und dem Paprikapulver darin anbraten, dann die Gerste dazugeben. Mit der Brühe aufgießen. Die Suppe bei schwacher Hitze zugedeckt etwa 45 Minuten köcheln. Bei Bedarf noch etwas Brühe angießen.

3 Den Wirsing waschen, von der dicken Mittelrippe befreien und in feine Streifen schneiden. Rosenkohl putzen, waschen und in die einzelnen Blätter teilen. Das Gemüse in der Suppe noch etwa 15 Minuten garen, bis die Gerste weich und das Gemüse bissfest ist. Crème fraîche einrühren und die Suppe mit Salz und Pfeffer abschmecken. Nach Belieben Frühlingszwiebeln waschen, putzen, mit dem Grün in feine Ringe schneiden und vor dem Servieren auf die Suppe streuen.

Zubereitungszeit: 1 ¼ Stunden

Tipp

Gerste bekommen Sie am besten im Naturkostladen oder Reformhaus, auf der Packung steht immer Rollgerste. Sie ist ein schmackhaftes und leicht verdauliches Getreide, das Suppen und Eintöpfe schön sämig macht.

Varianten

◆ Bei der Wahl der Gemüsesorten können Sie sich ganz nach dem Angebot richten. So schmecken auch Weißkohl, Möhren und Pastinaken oder Rote Bete sehr gut. Mit Letzteren bekommt die Suppe aber eine rote Farbe, die je nach Menge an Crème fraîche in ein hübsches Pink verwandelt werden kann.

◆ Statt Kalb können Sie auch Lamm oder Rind nehmen oder die Suppe nur mit etwas Speck garen und zum Schluss mit etwa 40 g Bündner Fleisch in feinen Streifen bestreuen.

Grünkohlsuppe mit Brätnockerln

Deftig und fein zugleich

Für 4 Portionen
400 g Grünkohl
1 vorwiegend fest kochende
Kartoffel (etwa 150 g)
200 g Möhren
1 l Gemüse- oder leichte
Fleischbrühe
2 EL Crème fraîche
Salz
1/2 TL gemahlener Kümmel
200 g Kalbsbrät oder rohe
Kalbsbratwürstchen
1/2 Bund Schnittlauch
Schale von 1/2 unbehandelten
Zitrone

1 Den Grünkohl waschen und trockenschwenken, das Grün von den dicken Stielen abtrennen und fein hacken. Kartoffel und Möhren schälen, waschen und in Würfel schneiden.

2 Das Gemüse mit der Brühe in einem Topf erhitzen und zugedeckt bei schwacher Hitze etwa 15 Minuten köcheln lassen, bis es bissfest ist. Crème fraîche einrühren und die Suppe mit Salz und Kümmel abschmecken.

3 Aus dem Kalbsbrät mit zwei Teelöffeln kleine Nocken formen und in die Suppe einlegen. Oder aus den Wursthäuten kleine Stückchen herausdrücken, ablösen und in die Suppe geben. Kalbsbrät oder Wurststückchen etwa 5 Minuten in der Suppe gar ziehen lassen.

4 Schnittlauch waschen, trockenschwenken und in feine Röllchen schneiden. Die Zitronenschale fein hacken. Beides mischen und vor dem Servieren auf die Suppe streuen.

Zubereitungszeit: 30 Minuten

Kohlsuppe mit Kokosmilch

Asiatisch angehaucht

Für 4 Portionen
250 g Hähnchenbrustfilet
4 EL Fischsauce
200 g Weiß- oder Spitzkohl
1 Stück frischer Ingwer
(etwa 2 cm lang)
1 rote Chilischote
2 gehäutete Tomaten
(aus der Dose)
1 Bund Basilikum
1 Dose Kokosmilch (400 g)
600 ml Gemüse- oder
Hühnerbrühe
3 EL Zitronensaft
Salz, 1 TL Zucker

1 Hähnchenbrustfilet kalt abspülen und trockentupfen, dann in feine Scheiben schneiden. Mit der Hälfte der Fischsauce mischen. Kohl waschen, putzen und in Streifen oder Würfel schneiden. Ingwer schälen und fein hacken. Die Chilischote waschen und mit den Kernen in feine Ringe schneiden. Tomaten abtropfen lassen und würfeln. Basilikum waschen und trockenschütteln. Die Blättchen von den Stängeln und in Stücke zupfen.

2 Kokosmilch mit Brühe, restlicher Fischsauce, Ingwer, Chili und Zitronensaft zum Kochen bringen bringen und mit Salz und Zucker abschmecken. Kohl einrühren und etwa 5 Minuten kochen lassen. Tomaten mit Huhn und der Hälfte des Basilikums untermischen, bei schwacher Hitze nochmals 5 Minuten ziehen lassen. Abschmecken und die Suppe mit dem übrigen Basilikum bestreut servieren.

Zubereitungszeit: 30 Minuten

Brez'nsuppe
mit Bier und Wirsing

So schmeckt's den Bayern

1 Wirsing waschen, putzen und von den dicken Blattrippen befreien. Blätter in feine Streifen schneiden. Zwiebel schälen und sehr fein hacken. Brezen in dünne Scheiben schneiden.

2 Butter im Suppentopf zerlassen. Wirsing, Zwiebel und Kümmel darin unter Rühren 2–3 Minuten braten. Mit der Brühe und dem Bier aufgießen und zugedeckt bei mittlerer Hitze etwa 5 Minuten köcheln.

3 Brezenscheiben untermischen, die Suppe mit Salz und Pfeffer abschmecken und bei schwacher Hitze noch einmal etwa 5 Minuten garen, bis die Brezenscheiben leicht zerfallen.

4 Inzwischen die Petersilie waschen und trockenschwenken, die Blättchen abzupfen und fein hacken. Die Suppe abschmecken und mit der Petersilie bestreut servieren.

Zubereitungszeit: 25 Minuten

Varianten

◆ Statt der Brezen können Sie auch altbackenes Brot verwenden – am besten schmeckt Bauernbrot, das auch mit Kümmel und Koriander gewürzt sein kann. Brot ist übrigens immer weniger salzig als Brezen, eine Brotsuppe muss also etwas kräftiger gewürzt werden.

◆ Wer kein Bier im Haus hat, kann die Suppe auch nur mit Brühe zubereiten.

◆ Statt Wirsing auch mal Spitzkohl, Weißkohl oder sogar Sauerkraut verwenden. Sauerkraut allerdings etwa 20 Minuten in der Suppe garen, bevor Brezen oder Brot dazukommen und die Suppe zum Schluss mit etwas Sahne abrunden. Als Gewürz passt zur Suppe mit Sauerkraut Paprikapulver – nach Geschmack edelsüß oder rosenscharf – besonders gut.

Für 4 Portionen
1 Stück Wirsing (etwa 250 g)
1 Zwiebel
3 altbackene Brezen (vom Vortag)
2 EL Butter
1 TL Kümmelsamen
1 l Fleischbrühe
1/4 l dunkles Bier
Salz, Pfeffer
1/2 Bund Petersilie

Lammstew mit Pastinaken, Möhren und Zwiebeln

Klassiker auf neue Art

Für 4 Portionen:
800 g Lammkeule ohne Knochen
Salz
Pfeffer
2 EL Mehl
8 kleinere Pastinaken
8 mittelgroße Möhren
¼ Rotkohl (etwa 250 g)
4 rote Zwiebeln
50 g durchwachsener Speck
4 Rosmarinzweige
2 EL Öl
1 EL Butter
¼ l Bier
¾ l Fleisch- oder Gemüsebrühe
4 mittelgroße fest kochende Kartoffeln
1 Bund Petersilie
2 Frühlingszwiebeln
1 EL Kapern
1 Essiggurke
1 EL Zitronensaft
4 EL saure Sahne

1 Das Lammfleisch von größeren Fettstücken und Sehnen befreien und in gulaschgroße Würfel schneiden. Mit Salz und Pfeffer würzen und im Mehl wenden.

2 Pastinaken und Möhren schälen. Pastinaken ganz lassen, Möhren einmal quer durchschneiden. Rotkohl putzen, waschen und in breite Streifen schneiden. Zwiebeln schälen und halbieren. Speck von Schwarte und Knorpeln befreien und in kleine Würfel schneiden. Rosmarin waschen und trockenschütteln. Jeden Zweig mit der Küchenschere einmal durchschneiden.

3 Das Öl mit der Butter in einem Schmortopf erhitzen. Das Fleisch darin in 3 Portionen jeweils kräftig anbraten und wieder herausnehmen.

4 Wenn das gesamte Fleisch angebraten ist, den Speck mit dem Rosmarin und dem Gemüse im verbliebenen Fett rundherum leicht anbraten. Das Fleisch wieder dazugeben, alles mit Bier und Brühe aufgießen. Gemüse und Fleisch zugedeckt bei schwacher Hitze etwa 30 Minuten garen.

5 Kartoffeln schälen, waschen und halbieren. Unter den Eintopf mischen und alles noch einmal etwa 30 Minuten garen, bis Fleisch und Kartoffeln weich sind.

6 Inzwischen Petersilie waschen, trockenschwenken und die Blättchen abzupfen. Frühlingszwiebeln waschen und putzen und grob zerkleinern. Mit Petersilie und Kapern sehr fein hacken. Essiggurke abtropfen lassen und sehr fein würfeln. Die Mischung mit Zitronensaft und saurer Sahne verrühren, salzen und pfeffern.

7 Den Eintopf abschmecken und in tiefe Teller verteilen. Mit je 1 Klecks Petersiliensahne garnieren, den Rest extra dazu servieren.

Zubereitungszeit: 1 ½ Stunden

Varianten

◆ Statt Lamm schmeckt auch Rind sehr gut.
◆ Die Gemüse können Sie ganz nach Angebot wählen. So passen Topinambur, Steckrüben und Wirsing ebenfalls ausgezeichnet.

Steckrübentopf mit Pancetta

Deutschland und Italien vereint

Für 4 Portionen
10 g getrocknete Steinpilze
200 g Pancetta
1/2 Bund Oregano
4 Knoblauchzehen
2 rote Zwiebeln
500 g Steckrüben
250 g Möhren
250 g Pastinaken
250 g fest kochende Kartoffeln
1 dicke Stange Lauch
4 EL Olivenöl
1 TL Fenchelsamen
1/2 l Gemüse- oder Fleischbrühe
Salz
Pfeffer

1 Steinpilze in einem Schälchen etwa 30 Minuten in lauwarmem Wasser einweichen. Dann abtropfen lassen und die Pilze fein würfeln. Einweichwasser durch eine Kaffeefiltertüte gießen.

2 Pancetta in feine Streifen schneiden. Oregano waschen und trockenschütteln. Blättchen abzupfen und fein hacken. Knoblauch und Zwiebeln schälen, Knoblauch in Scheiben schneiden, Zwiebeln halbieren und in Streifen schneiden.

3 Steckrüben, Möhren, Pastinaken und Kartoffeln schälen, waschen und alles in etwa 2 cm große Würfel schneiden. Lauch putzen, der Länge nach aufschlitzen und gründlich waschen. Lauch in etwa 1 cm breite Streifen schneiden.

4 Olivenöl in einem großen Topf erhitzen, Pancetta mit Pilzen darin anbraten. Zwiebeln, Knoblauch, Oregano und Fenchelsamen dazugeben und kurz mitbraten. Gemüse untermischen und alles gut durchrühren. Mit der Brühe und dem Pilzeinweichwasser aufgießen und zugedeckt bei schwacher Hitze 30–40 Minuten garen, bis die Kartoffeln weich sind und das Gemüse bissfest ist. Den Eintopf mit Salz und Pfeffer abschmecken und servieren.

Zubereitungszeit: 1 Stunde

Tipp
Zu diesem Eintopf schmeckt frisches Weißbrot.

Varianten
◆ Wer mag, kann einen Teil der Brühe durch trockenen Weißwein oder Cidre (Apfelwein) ersetzen.
◆ Statt Oregano schmecken auch Thymian, etwas Rosmarin und Salbei.
◆ Die Gemüsezusammenstellung können Sie je nach Angebot auch einmal variieren: ebenfalls gut sind Topinambur, Kürbis (erst nach der Hälfte der Garzeit dazugeben), Wirsing oder Rotkohl in feinen Streifen und Rosenkohl.

Hühnertopf mit Spinat und Granatapfelkernen

Aus Tausend und einer Nacht

1 Hähnchenschenkel kalt abspülen und trockentupfen. Mit der Geflügelschere und dem Messer jeden Schenkel einmal teilen. Die Zitronenhälfte heiß waschen und abtrocknen, die Schale fein abreiben und den Saft auspressen.

2 Die Zitronenschale mit dem Honig, Ras-el-Hanut, Paprikapulver, Salz und Pfeffer verrühren. Die Hähnchenstücke damit einreiben. Den Knoblauch schälen und ganz lassen.

3 Das Olivenöl in einem Schmortopf erhitzen, Hähnchenteile darin rundherum kräftig anbraten. Knoblauch dazugeben und kurz mitbraten. Mit dem Wein oder der Brühe aufgießen und die Hühnerschenkel zugedeckt bei schwacher Hitze etwa 30 Minuten schmoren.

4 Inzwischen den Spinat von den dicken Stielen befreien und gründlich waschen. In einem Topf Salzwasser zum Kochen bringen, den Spinat hineingeben und zugedeckt 2–3 Minuten kochen, bis er zusammenfällt. In ein Sieb gießen, gründlich kalt abschrecken und gut abtropfen lassen.

5 Den Granatapfel einmal durchschneiden. Die Hälften über einer Schüssel auseinander brechen und die Kerne mit den Fingern herauslösen. Dabei auch die weißen Häutchen entfernen.

6 Spinat unter die Hähnchenteile mischen und gut heiß werden lassen. Alles mit Salz und Pfeffer abschmecken, die Granatapfelkerne und den Sirup untermischen und das Gericht auf vorgewärmten Tellern servieren.

Zubereitungszeit: 1 Stunde

Tipps

◆ Zu diesem Gericht passt sehr gut aufgebackenes Fladenbrot.

◆ Granatäpfel sind eine Obstart, die im Winter auf unseren Märkten erscheint. Von den hübschen und aromatischen Früchten nimmt man entweder die Kerne oder man halbiert die Früchte und presst den Saft wie bei einer Orange aus. Die roten Fruchtkerne sind allerdings so attraktiv, dass Sie immer ein paar als Dekoration auf die Gerichte streuen sollten.

Für 4 Portionen
4 Hähnchenschenkel
(je etwa 250 g)
1/2 unbehandelte Zitrone
2 TL Honig
2 TL Ras-el-Hanut
(marokkanische Gewürzmischung)
2 TL edelsüßes Paprikapulver
Salz, Pfeffer, 12 Knoblauchzehen
2 EL Olivenöl
200 ml trockener Weißwein
oder Hühnerbrühe
500 g Wurzelspinat
1 Granatapfel
2 EL Granatapfelsirup
(Grenadine)

Gemüse mit
Fisch, Fleisch & Geflügel

Lachsforellenfilets
mit Steckrüben-Apfel-Püree

Schnell und ganz einfach zu machen

Für 4 Portionen
700 g Steckrüben
2 kleine säuerliche Äpfel
(etwa 200 g)
2 Schalotten
2 EL Butter
$\frac{1}{4}$ l Cidre, Apfelsaft
oder Gemüsebrühe
Salz, Pfeffer
1 Prise Chilipulver
$\frac{1}{2}$ unbehandelte Zitrone
$\frac{1}{4}$ Bund Petersilie
$\frac{1}{2}$ EL scharfer Senf
2 EL Olivenöl
4 Lachsforellenfilets
(je etwa 200 g)
2 EL Crème fraîche
oder saure Sahne

1 Die Steckrüben schälen und in kleine Würfel schneiden. Die Äpfel schälen, vom Kerngehäuse befreien und ebenfalls in Würfel schneiden. Die Schalotten schälen und fein hacken.

2 In einem Topf 1 EL Butter schmelzen lassen. Schalotten darin anbraten, dann die Rübenwürfel und die Äpfel dazugeben. Mit dem Cidre aufgießen, mit Salz, Pfeffer und Chilipulver würzen und zugedeckt bei schwacher Hitze etwa 25 Minuten garen, bis die Steckrübenwürfel bissfest sind.

3 Inzwischen die Zitronenhälfte heiß waschen und abtrocknen, die Schale dünn abschneiden und sehr fein hacken. Die Petersilie waschen und trockenschütteln, die Blättchen ebenfalls sehr fein schneiden. Beides mit dem Senf und dem Olivenöl mischen. Die Lachsforellenfilets kalt abspülen und trockentupfen, mit Salz und Pfeffer bestreuen und mit der Senfpaste einstreichen.

4 Die übrige Butter in einer beschichteten Pfanne erhitzen, die Fischfilets darin bei mittlerer Hitze pro Seite 2–3 Minuten braten.

5 Die Steckrüben mit dem Pürierstab fein zerkleinern, mit der Crème fraîche oder der sauren Sahne verrühren und abschmecken. Das Steckrüben-Apfel-Püree zu den Fischfilets servieren.

Zubereitungszeit: 45 Minuten

Tipps

◆ Falls die Fischfilets nicht gehäutet sind, braten Sie sie mit Haut. Zuerst auf der Hautseite gut 3 Minuten braten, dann wenden und nur noch knapp 2 Minuten auf der anderen Seite braten. Ob man die Haut mitisst oder beim Essen entfernt, ist Geschmackssache.

◆ Statt Lachsforelle können Sie auch Lachs oder Schwertfisch nehmen. In jedem Fall sollte es aber ein aromatischer Fisch sein, damit er neben dem würzigen Steckrübenpüree nicht untergeht. Ebenfalls fein: im Ganzen gebratene Sardinen.

◆ Das Steckrübenpüree schmeckt auch zu gebratenen Lammkoteletts oder -spießen und zu Ente oder Gans sehr gut.

Gedämpfter Fisch mit Grünkohl und Senfsauce

Besonders vitaminschonend gegart

1 Den Grünkohl gründlich waschen und trockenschwenken. Das Grün von den dicken Stielen schneiden und in grobe Stücke zupfen. Den Grünkohl mit Salz und Pfeffer würzen und einen großen Dämpfeinsatz damit auslegen. 1 EL Butter in kleine Flöckchen schneiden und darauf verteilen.

2 Den Fischfond in einem weiten Topf erhitzen, den Grünkohl darüber stellen und zugedeckt bei starker Hitze etwa 10 Minuten dämpfen.

3 Inzwischen Fischfilets kalt abspülen und trockentupfen. Mit Salz und Pfeffer würzen und mit der Hälfte des scharfen Senfs bestreichen. Die Fischfilets nebeneinander auf den Grünkohl legen und alles weitere 5–8 Minuten (je nach Dicke der Fischfilets) dämpfen.

4 Garsud aus dem Topf in einen kleineren Topf umfüllen. Sahne, den restlichen scharfen und den süßen Senf untermischen und die Sauce zum Kochen bringen. Die übrige Butter in kleine Stücke schneiden und mit dem Schneebesen nach und nach unterschlagen. Sauce mit Salz, Pfeffer und Zitronensaft abschmecken.

5 Grünkohl und Fischfilets auf vorgewärmten Tellern anrichten und mit der Senfsauce umgießen.

Zubereitungszeit: 35 Minuten

Für 4 Portionen
700 g Grünkohl
Salz, Pfeffer
80 g kalte Butter
300 ml Fischfond
4 Fischfilets oder Steaks von Kabeljau, Heilbutt, Karpfen oder Schwertfisch (je etwa 180 g)
2 EL scharfer Senf
150 ml Sahne
1 TL süßer Senf
1 TL Zitronensaft

Tipps

◆ Salzkartoffeln passen zu diesem Gericht besonders gut.

◆ Wenn Sie keinen Dämpfeinsatz haben, legen Sie Gemüse und Fisch auf eine hitzefeste Platte. In den Topf umgedreht eine Tasse stellen und die Platte darauf setzen. Fischfond angießen und zum Kochen bringen. Die Dämpfzeit kann etwas länger sein, da der Dampf nur von oben auf Gemüse und Fisch trifft. Machen Sie einfach nach der angegebenen Zeit eine Garprobe und geben bei Bedarf noch etwas Zeit zu.

◆ Gedämpft ist Grünkohl besonders schmackhaft. Damit der Fisch dagegen bestehen kann, sollten Sie auf jeden Fall einen mit viel Geschmack und festem Fleisch wählen.

Variante

Statt Grünkohl können Sie auch Wirsing oder Spinat verwenden.

Sesamgarnelen
mit Rettich-Spinat-Gemüse

Schnell aus dem Wok

Für 4 Portionen
1 Stück Winterrettich
(etwa 150 g)
400 g fester Spinat
1 Stück frischer Ingwer
(etwa 1 cm lang)
2 Knoblauchzehen
1 rote Chilischote
100 ml Fischfond oder
asiatische Hühnerbrühe
2 EL Fischsauce
2 EL Limetten- oder
Zitronensaft
2 TL Speisestärke
400 g rohe geschälte
Garnelen
1 Eiweiß
Salz
gemahlener Sichuanpfeffer
4 EL Erdnussöl
2 EL Sesamsamen
eventuell chinesischer
Schnittknoblauch zum Garnieren

1 Den Rettich schälen und in etwa $\frac{1}{2}$ cm dicke Scheiben, dann in ebenso breite Streifen schneiden. Spinat verlesen und von den dicken Stielen befreien, waschen und in grobe Stücke zupfen oder hacken.

2 Ingwer und Knoblauch schälen und fein hacken. Chilischote waschen und mit den Kernen in feine Ringe schneiden. Fischfond mit der Fischsauce, dem Limettensaft und 1 TL Speisestärke gründlich verrühren.

3 Die Garnelen vom dunklen fadenförmigen Darm befreien, kalt abspülen und trockentupfen. Das Eiweiß mit der restlichen Speisestärke verrühren, mit Salz und Sichuanpfeffer würzen.

4 Den Wok erhitzen, dann die Hälfte des Öls darin heiß werden lassen. Rettich mit Ingwer, Knoblauch und Chili darin unter Rühren etwa 2 Minuten braten. Spinat dazugeben und weiterbraten, bis die Blätter zusammenfallen. Mit dem gewürzten Fischfond aufgießen und einmal kräftig aufkochen lassen, bis die Sauce bindet. Das Gemüse mit Salz abschmecken, aus dem Wok nehmen und warm halten.

5 Das restliche Öl im Wok erhitzen. Die vorbereiteten Garnelen in den Sesamsamen wenden und im heißen Öl auf beiden Seiten schön knusprig braten. Die Garnelen auf dem Spinatgemüse anrichten und eventuell mit Schnittknoblauch garniert servieren.

Zubereitungszeit: 25 Minuten

Tipp

Beim Garen im Wok ist es wichtig, dass die Hitze hoch ist und dass man immer fleißig rührt, damit die Zutaten gleichmäßig garen. Außerdem wird immer erst der Wok erhitzt, bevor das Öl hineinkommt. Gart man verschiedene Zutaten nacheinander wie in diesem Fall, den Wok nach dem Garen des Spinats kurz mit Küchenpapier auswischen, bevor das frische Öl hinein kommt und weitergebraten wird.

Variante

Statt Rettich können Sie auch Lauch- oder Möhrenstreifen nehmen. Auch Pilzscheiben passen gut oder Thai-Auberginen. Die kleinen Auberginen waschen, vierteln und etwa doppelt so lange braten, bevor der Spinat in den Wok kommt.

Wirsingfleckerl mit Quark und Räucherfisch

Österreichisch-Böhmische Verführung

Für 4 Portionen
Für den Teig:
300 g Mehl
2 TL Salz
3 Eier
1 EL Öl

1 Stück Wirsing
(etwa 300 g)
150 g geräucherte Forelle
oder Saibling
Salz, 2 EL Öl
1 TL Kümmelsamen
frisch gemahlener Pfeffer
200 g Quark
200 g cremige saure Sahne

1 Für den Teig das Mehl mit dem Salz mischen. Die Eier und das Öl dazugeben und alles zu einem geschmeidigen Teig verkneten. Falls er zu trocken ist, etwas Wasser einarbeiten. Den Teig zu einer Kugel formen, in ein Küchentuch wickeln und bei Zimmertemperatur etwa 30 Minuten ruhen lassen.

2 Dann den Teig durchkneten und auf wenig Mehl zu einer dünnen Teigplatte aus-rollen. In etwa 4 x 6 cm große Stücke (Fleckerl) schneiden, auf einem bemehlten Küchentuch ausbreiten und leicht antrocknen lassen.

3 Den Wirsing waschen, putzen und in nicht zu dünne Streifen schneiden. Den Räucherfisch in Stücke zerpflücken. Für die Nudeln reichlich Wasser zum Kochen bringen und salzen, die Nudeln darin in 3–4 Minuten „al dente" kochen. In einem Sieb kalt abschrecken und abtropfen lassen.

4 Das Öl in einer großen Pfanne erhitzen. Den Wirsing mit dem Kümmel darin unter Rühren bei mittlerer Hitze etwa 8 Minuten braten, bis er bissfest ist. Mit Salz und Pfeffer würzen. Die Nudeln mit Quark und saurer Sahne mischen, Räucherfisch darauf verteilen und erwärmen, erst vor dem Servieren vorsichtig und locker unter-mischen und alles mit Salz und Pfeffer abschmecken.

Zubereitungszeit: 1 ¼ Stunden

Varianten

◆ Den Fisch können Sie auch weglassen oder durch etwas ausgelassenen Speck – in Würfeln oder Streifen – ersetzen.
◆ Statt Wirsing schmecken auch Rosenkohlblätter (wirklich möglichst gründlich auseinander lösen, auch wenn das etwas Arbeit macht) oder Kohlstücke.

Tipp

Wenn es einmal schnell gehen muss, nehmen Sie breite Eiernudeln statt der selbstgemachten Teigwaren.

Krautstrudel mit Lachs

Saftig und würzig

1 Für den Teig das Mehl mit Salz, Öl und Ei in einer Schüssel mischen. Nach und nach etwa ⅛ l lauwarmes Wasser dazugeben und alles zu einem glatten geschmeidigen Teig verkneten. In einem Topf Wasser zum Kochen bringen, Wasser abgießen, Topf neben den Herd stellen. Den Strudelteig in Butterbrotpapier einwickeln und im warmen Topf zugedeckt etwa 30 Minuten ruhen lassen.

2 Inzwischen für die Füllung den Weißkohl putzen, waschen und in feine Streifen schneiden. Sauerkraut abtropfen lassen und zerpflücken. Lauch waschen, putzen und in feine Streifen schneiden.

3 Butterschmalz in einem Topf erhitzen, Lauch darin kurz andünsten. Kohl und Sauerkraut kurz mitbraten. Mit Apfelsaft aufgießen, mit Salz, Pfeffer und Kümmel abschmecken und zugedeckt bei schwacher Hitze etwa 10 Minuten vorgaren, offen abkühlen lassen.

4 Lachs kalt waschen und abtupfen, in knapp 1 cm große Stücke schneiden. Räucherlachs in feine Streifen schneiden. Estragon waschen und trockenschütteln. Die Blättchen abzupfen und fein hacken.

5 Strudelteig halbieren. Jede Hälfte auf einem bemehlten Küchentuch zuerst so dünn wie möglich ausrollen, dann über den Handrücken ausziehen, bis der Teig so dünn ist, dass man das Muster des Küchentuchs durchscheinen sieht. Den Teig mit etwas zerlassener Butter bestreichen, die Hälfte der Kohlmischung darauf verteilen und mit der Hälfte der beiden Lachssorten belegen, mit etwas Estragon bestreuen. Die Hälfte der sauren Sahne in Tupfen darauf verteilen.

6 Backofen auf 180 °C (Umluft 160 °C) vorheizen. Teigränder nach innen schlagen und den Strudel von der Längsseite her mit Hilfe des Küchentuchs aufrollen. Eine feuerfeste Form oder das Backblech fetten und den Strudel mit der Nahtseite nach unten darauf gleiten lassen. Den zweiten Strudel ebenso ausrollen, belegen, aufrollen und neben den ersten setzen. Die Strudel mit zerlassener Butter bepinseln und im Ofen (Mitte) etwa 40 Minuten backen, bis sie schön gebräunt sind.

Zubereitungszeit: 2 Stunden

Tipp Dazu schmeckt Blattsalat gut und als passendes Getränk ein Bier.

Für 4 Portionen
Für den Teig:
250 g Mehl
1 TL Salz
1 EL Öl, 1 Ei

Für die Füllung:
400 g Weißkohl
400 g Sauerkraut
1 Stange Lauch
1 EL Butterschmalz
⅛ l naturtrüber Apfelsaft
oder Cidre
Salz, Pfeffer
½ TL gemahlener Kümmel
250 g Lachsfilet
100 g Räucherlachs in
dünnen Scheiben
2 Stängel frischer Estragon
250 g saure Sahne

Außerdem:
50 g zerlassene Butter

Gemüse-Fisch-Topf
mit Gremolata

Leicht und aromatisch

Für 4 Portionen

600 g Kabeljau- oder
Seeteufelfilet
1 ½ unbehandelte Zitronen
Salz, Pfeffer
je 250 g Weißkohl,
Topinambur, Rosenkohl und
Kürbis
2 EL Butter
⅛ l trockener Weißwein
⅛ l Gemüsebrühe oder
Fischfond
2 EL Crème fraîche
1 Bund Petersilie
2 Knoblauchzehen

1 Fischfilet kalt abspülen, trockentupfen und in mundgerechte Stücke schneiden. Zitronen waschen, abtrocknen und die Schale dünn abschneiden. Beiseite legen. Eine Zitronenhälfte auspressen, den Saft mit Salz und Pfeffer unter die Fischwürfel mischen.

2 Gemüse putzen oder waschen. Topinambur schälen, Kürbis ebenfalls schälen und von den Kernen mit dem weichen Fleisch befreien. Weißkohl in breite Streifen schneiden, Topinambur und Kürbis würfeln, Rosenkohl ganz lassen.

3 Butter in einem Topf zerlassen, Rosenkohl und Topinambur darin unter Rühren anbraten. Mit dem Wein und der Brühe aufgießen und zugedeckt bei schwacher Hitze etwa 10 Minuten vorgaren. Kürbiswürfel und Kohlstreifen untermischen und alles noch etwa 10 Minuten garen, bis das Gemüse bissfest ist.

4 Die Crème fraîche unter das Gemüse rühren, salzen und pfeffern. Den Fisch auf dem Gemüse verteilen, zugedeckt weitere 5 Minuten garen.

5 Inzwischen Petersilie waschen und trockenschwenken, Blättchen abzupfen. Knoblauch schälen. Petersilie mit Knoblauch und Zitronenschale sehr fein hacken.

6 Gemüse und Fisch vorsichtig mischen und in eine vorgewärmte Schüssel füllen. Mit etwas Gremolata bestreuen, den Rest getrennt dazu servieren.

Zubereitungszeit: 40 Minuten

Tipp Dazu passen am besten Kartoffeln.

Variante Versuchen Sie dazu auch einmal eine Gremolata auf asiatische Art. Dafür die Schale von 2 Limetten abtrennen und mit 2 geschälten Knoblauchzehen und 1 geputzten Frühlingszwiebel fein hacken. 1 kleines Bund Koriander waschen, trockenschütteln und ebenfalls sehr fein hacken. Mit den anderen Zutaten vermischen und vor dem Servieren über den Fisch-Gemüse-Topf streuen.

Fasanenbrust mit Campari-Rotkraut

Bekommt Pfiff durch den leicht bitteren Campari

Für 4 Portionen
Für das Rotkraut:
1 kleiner Kopf Rotkohl
(etwa 800 g)
1 Zwiebel
2 Knoblauchzehen
2 Zweige frischer Rosmarin
1 EL Butter
½ EL Zucker
2 Gewürznelken
⅛ l Orangensaft
(möglichst frisch gepresst)
⅛ l milde Gemüse-
oder Fleischbrühe
Salz, Pfeffer, 2 Orangen
50 ml Campari
1 EL Zitronensaft
1 EL Ahornsirup

Für die Fasanenbrust:
4 Fasanenbrüste (je etwa 200 g,
am besten beim Händler
vorbestellen)
Salz
Pfeffer
8 dünne Scheiben
fetter Speck
1 EL Öl
½ EL Butter

1 Für das Rotkraut den Kohl waschen, putzen und vierteln. Den harten Strunk herausschneiden, die Kohlviertel in feine Streifen schneiden. Die Zwiebel und den Knoblauch schälen und fein hacken. Den Rosmarin waschen und trockenschütteln. Nadeln abzupfen und ebenfalls hacken.

2 Butter in einem Topf zerlassen, den Zucker einrühren, schmelzen und leicht braun werden lassen. Den Rotkohl mit Zwiebelwürfeln und Rosmarinnadeln einrühren und unter Rühren einige Minuten andünsten. Knoblauch und Gewürznelken untermischen, den Kohl mit dem Orangensaft und der Brühe ablöschen. Mit Salz und Pfeffer abschmecken. Den Kohl zugedeckt bei schwacher Hitze etwa 45 Minuten schmoren. Dabei immer mal wieder durchrühren und bei Bedarf noch etwas Flüssigkeit angießen.

3 Die Fasanenbrüste kalt abspülen und trockentupfen. Mit Salz und Pfeffer würzen und jeweils in 2 Speckscheiben wickeln. Den Backofen auf 150 °C (Umluft 130 °C) vorheizen. Öl und Butter in einer feuerfesten Pfanne erhitzen, die Fasanenbrüste darin auf beiden Seiten gut anbraten, in der Pfanne in den Ofen schieben und noch etwa 10 Minuten braten.

4 Inzwischen die Orangen so schälen, dass auch die weiße Haut mit entfernt wird. Filets zwischen den Trennwänden herausschneiden. Rotkohl mit Campari, Zitronensaft und Ahornsirup mischen und abschmecken. Orangenfilets untermischen.

5 Fasanenbrüste aus dem Ofen nehmen und den Speck entfernen. Die Brüste in Scheiben schneiden und mit dem Rotkohl auf vorgewärmten Tellern anrichten.

Zubereitungszeit: 1 ¼ Stunden

Tipp
Dazu schmeckt Kartoffelgratin oder einfach nur Brot.

Variante
Statt Fasanenbrust können Sie auch Hühnerbrust nehmen, diese nach dem Anbraten allerdings etwa 15 Minuten im Ofen lassen. Auch Rehrücken oder Rehschnitzel passen gut zum würzigen Kohl.

Rehragout mit Rosenkohl

Aromatisch und fruchtig mit Preiselbeeren

Für 4 Portionen

1 Rehgulasch trockentupfen. Zwiebeln schälen und sehr fein hacken. Die Kräuter waschen und trockenschütteln. Die Blättchen von den Stielen zupfen und fein hacken. Tomaten abtropfen lassen und fein würfeln.

2 In einem Schmortopf Butter mit 1 EL Öl erhitzen. Rehfleisch darin in 3 Portionen kräftig anbraten, herausnehmen. Zwiebeln und Kräuter im Bratfett andünsten. Fleisch mit Tomaten untermischen, mit Noilly Prat und Cidre ablöschen.

3 Lorbeerblätter, Wacholderbeeren und Gewürznelken untermischen. Das Ragout mit Salz, Pfeffer und Koriander abschmecken und bei schwacher Hitze zugedeckt etwa 2 Stunden garen. Dabei gelegentlich durchrühren und bei Bedarf noch etwas Flüssigkeit (Cidre, Wildfond oder Wasser) angießen.

4 Nach knapp 1 ½ Stunden den Speck von Schwarte und Knorpeln befreien und klein würfeln. Rosenkohl putzen, waschen, je nach Größe ganz lassen oder halbieren. Apfel vierteln, schälen, vom Kerngehäuse befreien und klein würfeln.

5 Speck im restlichen heißen Öl ausbraten. Rosenkohl kurz mitbraten. Apfel und Wildfond angießen, salzen, pfeffern und etwa 10 Minuten zugedeckt bei schwacher Hitze garen, bis der Rosenkohl bissfest ist.

6 Das Gemüse unter das Ragout mischen und alles noch etwa 5 Minuten garen. Preiselbeeren einrühren und das Rehragout abschmecken.

Zubereitungszeit: 2 ¼ Stunden

Tipp Dazu schmecken Serviettenknödel, Spätzle oder Nudeln.

Serviettenknödel

Brötchen würfeln und mit der lauwarmen Milch übergießen. Die Kartoffeln durch die Kartoffelpresse drücken. Die Zwiebel schälen und fein hacken. Die Petersilie waschen, trocknen und fein hacken. Zwiebel mit Petersilie in Butter andünsten, mit den Kartoffeln zu den Brötchen geben. Die Eier trennen, Eigelb unter die Brötchenmasse rühren, Eiweiß steif schlagen und unterziehen. Mit Salz, Pfeffer und Muskat abschmecken. Ein Küchentuch mit heißem Wasser befeuchten, auswringen, ausbreiten, die Knödelmasse darauf zu einem länglichen Laib formen und locker in das Tuch wickeln. Die Enden mit Küchengarn verschnüren. Den Knödel an einen langen Kochlöffel binden, über einen großen Topf mit kochendem Salzwasser legen, die Temperatur reduzieren und den Knödel bei schwacher Hitze etwa 1 Stunde im heißen Wasser ziehen lassen.

Zutaten (rechte Spalte)

Für 4 Portionen

- 800 g Rehgulasch
- 2 Zwiebeln
- je einige Zweige Thymian, Rosmarin und Bohnenkraut
- 2 gehäutete Tomaten (aus der Dose)
- 2 EL Butter, 2 EL Öl
- 50 ml Noilly Prat (weißer Wermut)
- ¼ l trockener Cidre
- 2 Lorbeerblätter
- 1 TL Wacholderbeeren
- 2 Gewürznelken
- Salz, Pfeffer
- 1 Prise gemahlener Koriander
- 100 g durchwachsener Räucherspeck
- 400 g Rosenkohl
- 1 säuerlicher Apfel
- ⅛ l Wildfond
- 2 EL Preiselbeeren (aus dem Glas)

Für 4 Portionen

- 6 altbackene Brötchen
- ¼ l lauwarme Milch
- 200 g gegarte und geschälte mehlig kochende Kartoffeln
- 1 Zwiebel
- 1 großes Bund Petersilie
- 1 EL Butter
- 5 Eier
- Salz, Pfeffer
- frisch geriebene Muskatnuss

Wildfrikadellen mit Birnenkraut

Herbstküche für Feinschmecker

Für 4 Portionen
Für die Frikadellen:
2 altbackene Brötchen
vom Vortag
200 ml lauwarme Milch
500 g Wildfleisch ohne
Knochen
¼ Bund frischer Oregano
½ unbehandelte Zitrone
1 Zwiebel
2 Knoblauchzehen
1 TL scharfer Senf
2 Eier
Salz, Pfeffer
frisch geriebene Muskatnuss
Butterschmalz zum Braten

Für das Birnenkraut:
½ kleiner Kopf Weißkohl
½ kleiner Wirsing
1 Stange Lauch
2 feste Birnen
2 EL Zitronensaft
3 EL Butter
⅛ l trockener Weißwein
oder Quittensaft (aus dem
Naturkostladen)
Salz, Pfeffer
1 Prise Zucker
1 EL Apfelessig

1 Für die Frikadellen Brötchen in feine Scheiben schneiden und in eine Schüssel geben. Die lauwarme Milch darüber gießen und die Brötchen weich werden lassen. Wildfleisch sehr klein würfeln oder hacken beziehungsweise durch den Fleischwolf drehen. Oregano waschen und trockenschwenken, Blättchen abzupfen und fein hacken. Zitronenhälfte heiß waschen und abtrocknen, die Schale dünn abschneiden und fein hacken. Zwiebel und Knoblauch schälen und sehr fein hacken.

2 Fleisch mit Oregano, Zitronenschale, Zwiebel, Knoblauch, Senf und Eiern zu den Brötchen in die Schüssel geben. Mit Salz, Pfeffer und Muskat kräftig würzen und gründlich durchkneten, bis ein gebundener Teig entsteht. Aus dem Fleischteig etwa 8 Frikadellen formen und auf einem Teller in den Kühlschrank stellen.

3 Für das Birnenkraut Weißkohl und Wirsing waschen, putzen und in feine Streifen schneiden. Lauch waschen, putzen und mit dem zarten Grün fein hacken. Birnen vierteln, vom Kerngehäuse befreien und schälen. Die Birnenviertel quer in Schnitze schneiden und mit dem Zitronensaft mischen, etwa 2 EL davon zugedeckt beiseite stellen.

4 In einem Topf 2 EL Butter zerlassen, die Kohlstreifen mit dem Lauch darin anbraten. Birnen untermischen und kurz mitbraten. Mit dem Wein aufgießen, mit Salz, Pfeffer, Zucker und dem Essig abschmecken und zugedeckt bei schwacher Hitze etwa 20 Minuten schmoren, bis der Kohl bissfest ist.

5 Nach der Hälfte der Garzeit in einer großen Pfanne oder in zwei kleineren Pfannen das Butterschmalz erhitzen. Die Frikadellen darin bei mittlerer Hitze pro Seite etwa 5 Minuten braten.

6 Die übrige Butter zerlassen und die restlichen Birnen darin bei mittlerer Hitze leicht braun braten. Birnenkraut abschmecken und mit den Frikadellen auf vorgewärmten Tellern anrichten. Mit den gebratenen Birnen garniert servieren.

Zubereitungszeit: 1 Stunde

Tipp

Als Beilage passen Kartoffelsalat, Schupfnudeln oder Brot.

Kartoffel-Kichererbsen-Gulasch mit Spinat und Chorizo

Von der spanischen Küche inspiriert

Für 4 Portionen
600 g fest kochende
Kartoffeln
2 Zwiebeln
2 Knoblauchzehen
2 EL Olivenöl
600 ml Gemüse-
oder Fleischbrühe
50 ml trockener Sherry
Salz, Pfeffer
2 EL edelsüßes Paprikapulver
500 g Spinat
1 Dose gegarte Kichererbsen
250 g Chorizo
(spanische Paprikawurst,
mild oder pikant)
1/2 Bund Petersilie

1 Kartoffeln schälen, waschen und in etwa 2 cm große Würfel schneiden. Zwiebeln und Knoblauch schälen. Zwiebeln halbieren und in Streifen schneiden, Knoblauch fein hacken.

2 Öl in einem Topf erhitzen, Zwiebeln darin andünsten. Kartoffeln und Knoblauch hinzufügen und kurz mitbraten. Mit der Brühe und dem Sherry ablöschen und mit Salz, Pfeffer und Paprika abschmecken. Die Kartoffeln zugedeckt bei schwacher Hitze 15–20 Minuten schmoren, bis sie weich sind, aber nicht zerfallen.

3 Inzwischen den Spinat verlesen, waschen und in etwas kochendem Salzwasser zusammen fallen lassen. In einem Sieb gründlich kalt abschrecken und abtropfen lassen. Kichererbsen in einem Sieb abspülen, bis das ablaufende Wasser klar bleibt. Die Wurst häuten und in Scheiben schneiden. In einer Pfanne ohne Fett leicht knusprig werden lassen.

4 Den Spinat mit den Kichererbsen und den Wurstscheiben unter die Kartoffeln mischen und gut erhitzen. Die Petersilie waschen und trockenschütteln. Blättchen abzupfen und sehr fein hacken. Kartoffel-Kichererbsen-Gulasch mit Salz und Pfeffer abschmecken und mit der Petersilie bestreut servieren.

Zubereitungszeit: 30 Minuten

Tipps

◆ Chorizo bekommen Sie im spanischen Feinkostgeschäft oder auch in Läden mit südamerikanischen Spezialitäten. Oft kann man zwischen einer milden und einer scharfen Ausführung wählen. Wenn Sie einmal keine bekommen, nehmen Sie eine andere Paprika- oder Knoblauchwurst, mit Chorizo schmeckt das Gericht aber besonders fein.

◆ Natürlich können Sie die Kichererbsen auch selbst garen. Dazu etwa 150 g getrocknete Kichererbsen über Nacht in Wasser einweichen. Am nächsten Tag abgießen und mit frischem Wasser zum Kochen bringen. Zugedeckt bei schwacher bis mittlerer Hitze in 1–1 1/2 Stunden weich garen. Die Garzeit von Hülsenfrüchten lässt sich schlecht exakt angeben, weil sie vor allem davon abhängt, wie alt die Hülsenfrüchte sind. Einfach zwischendurch probieren!

Bratwürste mit Chili-Grünkohl

Schnell und würzig

1 Den Grünkohl waschen, die Blätter von den Stielen streifen und grob hacken. Die Chilischoten waschen, putzen und mit den Kernen fein hacken. Knoblauch schälen und in feine Scheiben schneiden.
2 Das Öl in einem Topf erhitzen, Chili und Knoblauch darin anbraten. Den Grünkohl dazugeben und kurz mitbraten. Dann mit 200 ml Wasser aufgießen, salzen und zugedeckt bei mittlerer Hitze 25–30 Minuten schmoren, bis er gar ist. Dabei immer wieder durchrühren und bei Bedarf noch etwas Wasser angießen.
3 Wenn der Grünkohl gar ist, eine Pfanne erhitzen und die Bratwürste (salsicce ohne Fett, Nürnberger in etwas heißem Öl) darin bei mittlerer Hitze rundherum braten, bis sie schön gebräunt sind. Mit dem Grünkohl servieren.
Zubereitungszeit: 40 Minuten

Für 4 Portionen
1 kg Grünkohl
2 rote Chilischoten
4 Knoblauchzehen
2 EL Olivenöl
Salz
600 g Bratwürste
(italienische
salsicce oder
Nürnberger Bratwürste)
eventuell 1–2 EL Öl

Tipp Dazu schmeckt frisches Weißbrot oder auch Rosmarinkartoffeln.

Senfschnitzel
mit Kartoffel-Rosenkohl-Püree

Aus Großmutters Küchenschatz

1 Rosenkohl von den welken Blättern befreien, putzen und in die einzelnen Blätter teilen. In einem Topf etwas Salzwasser zum Kochen bringen, die Rosenkohlblätter darin etwa 4 Minuten garen. Abtropfen lassen.
2 Die Kartoffeln schälen, waschen und würfeln, mit Salzwasser in einen Topf geben und zugedeckt bei mittlerer Hitze weich kochen.
3 Wenn sie fast gar sind, die Nackensteaks trockentupfen, auf beiden Seiten mit dem Senf bestreichen und mit Salz und Pfeffer würzen. Das Öl und 1 EL Butter in einer Pfanne erhitzen, die Steaks darin auf beiden Seiten kräftig anbraten, dann bei mittlerer Hitze pro Seite etwa 5 Minuten braten.
4 Inzwischen die Milch erwärmen. Die Kartoffeln abgießen und im Topf mit dem Kartoffelstampfer fein zerdrücken. Die Milch und die übrige Butter in kleinen Stücken mit dem Rosenkohl untermischen. Gut erwärmen und das Püree mit Salz, Pfeffer und Muskat abschmecken und zu den Steaks servieren.
Zubereitungszeit: 40 Minuten

Für 4 Portionen
300 g Rosenkohl
Salz
600 g mehlig kochende oder
vorwiegend fest kochende
Kartoffeln
4 Schweinenackensteaks
(je etwa 180 g)
1 EL mittelscharfer Senf
Pfeffer
1 EL Öl, 2 EL Butter
200 ml Milch
frisch geriebene Muskatnuss

Gebratene Lammkoteletts mit Artischockensalat

Mediterraner Genuss

Für 4 Portionen
Für die Koteletts:
8 Lammkoteletts
4 Knoblauchzehen
¼ Bund Thymian
2 EL Zitronensaft
4 EL Olivenöl
Salz, Pfeffer

Für den Salat:
8 kleine zarte Artischocken
1 Zitrone
Salz, Pfeffer
4 EL Olivenöl
100 g Rucola
100 g Parmesan am Stück

1 Die Lammkoteletts mit einem Tuch abreiben, um alle Knochensplitter zu entfernen. Knoblauch schälen und in feine Scheiben schneiden. Thymian waschen und trockenschütteln, Blättchen von den Stielen streifen. Zitronensaft mit Knoblauch, Thymian und Öl verrühren und über die Koteletts gießen. Koteletts etwa 4 Stunden (oder auch länger) in den Kühlschrank stellen und marinieren.

2 Von den Artischocken so viele äußere Blätter ablösen, bis sie sich an dem Ende, an dem sie angewachsen sind, leicht beißen lassen. Die Spitzen der übrigen Blätter abschneiden, Artischocken längs halbieren. Falls in der Mitte Heu zu sehen ist, mit einem Messer herausschneiden. Zitrone halbieren, die Artischocken mit der Schnittfläche einreiben, damit sie sich nicht zu stark verfärben, Saft auspressen.

3 Den Backofengrill anheizen. Lammkoteletts auf den Rost mit der Fettpfanne darunter legen und in den Ofen schieben, etwa 10 cm von den Grillschlangen entfernt. Die Lammkoteletts etwa 8 Minuten grillen, dabei einmal wenden. Erst danach salzen und pfeffern.

4 Inzwischen für den Salat 1–2 EL Zitronensaft mit Salz, Pfeffer und Olivenöl verrühren. Rucola verlesen, waschen und trockenschwenken, in Stücke zupfen. Artischockenhälften der Länge nach in ganz dünne Scheiben schneiden. Mit dem Rucola und der Salatsauce mischen und in einer Schüssel anrichten. Den Parmesan in Scheiben darüber hobeln und locker untermischen. Artischockensalat zu den heißen Lammkoteletts servieren.

Zubereitungszeit: 30 Minuten + Marinierzeit

Tipp Dazu schmeckt frisches Weißbrot.

Variante

Versuchen Sie die Lammkoteletts doch auch einmal mit einer orientalischen Marinade. Dafür 2 Knoblauchzehen schälen und sehr fein hacken. Je ½ Bund Koriander und Petersilie waschen und trockenschütteln. Die Blättchen ebenfalls sehr fein hacken. Mit dem gehackten Knoblauch, 2 EL Zitronensaft, je ½ EL gemahlenem Kreuzkümmel und edelsüßem Paprikapulver und 2–3 EL Olivenöl mischen. Lammkoteletts darin mindestens 4 Stunden (oder sogar über Nacht) einlegen und anschließend grillen. Erst vor dem Servieren salzen.

Kalbstafelspitz mit Chicoréegemüse und Rösttopinambur

Leicht und festlich

Für 4 Portionen
Für den Tafelspitz:
1 kg Kalbstafelspitz
1 Bund Suppengrün
1 Zwiebel
1 Lorbeerblatt
2 Gewürznelken
1 TL Pfefferkörner
Salz

Für die Gemüse:
800 g Topinambur
600 g Chicorée
1 Stange Lauch
2 EL Butter
2 EL neutrales Öl
2 TL Puderzucker
1/8 l trockener Weißwein
oder Gemüsebrühe
Salz
Pfeffer
1 TL edelsüßes Paprikapulver
1/2 TL rosenscharfes
Paprikapulver
1 EL Crème fraîche

1 In einem Topf etwa 2 l Wasser zum Kochen bringen. Das Kalbfleisch einlegen und etwa 30 Minuten offen bei schwacher Hitze köcheln lassen. Den Schaum immer wieder abschöpfen.

2 Inzwischen Suppengrün waschen und putzen oder schälen und in grobe Stücke schneiden. Zwiebel waschen und mit der Schale halbieren. Gemüse, Zwiebel, Lorbeerblatt und Gewürze zum Fleisch geben und alles weitere 1 1/2 Stunden leise sieden lassen. Falls dabei zuviel Wasser verkocht, etwas warmes Wasser nachgießen.

3 Während der Tafelspitz gart, die Topinambur waschen und in einem Topf in Wasser 15–20 Minuten kochen. Abgießen, ausdämpfen lassen und schälen.

4 Kurz vor Ende der Garzeit des Fleisches den Chicorée waschen, putzen und in Streifen schneiden. Den Lauch putzen, der Länge nach aufschlitzen und gründlich waschen, quer in Streifen schneiden.

5 In einem Topf je 1 EL Butter und Öl erhitzen. Puderzucker einstäuben und schmelzen. Chicorée und Lauch dazugeben und 1–2 Minuten unter Rühren braten. Mit dem Wein aufgießen und mit Salz, Pfeffer und Paprikapulver abschmecken. Gemüse zugedeckt bei schwacher Hitze etwa 10 Minuten schmoren.

6 Topinambur in etwa 1/2 cm dicke Scheiben schneiden. Übrige Butter mit restlichem Öl in einer Pfanne erhitzen. Topinambur darin bei mittlerer Hitze unter gelegentlichem Wenden in etwa 10 Minuten knusprig braten, salzen und pfeffern.

7 Crème fraîche unter die Chicorée-Lauch-Mischung rühren, eventuell noch mit etwas Salz und Pfeffer abschmecken. Tafelspitz aus der Brühe heben und in Scheiben schneiden. Die Brühe mit Salz abschmecken. Das Fleisch auf einer Platte anrichten, mit etwas Brühe begießen und mit dem Gemüse servieren.

Zubereitungszeit: 2 Stunden

Tipp Dazu schmeckt außerdem frisch geriebener Meerrettich.

Varianten

◆ Wer mag, nimmt Rindertafelspitz; diesen etwa 1 Stunde länger garen.

◆ Gut schmeckt auch ein gemischter Fleischtopf aus Rind, Kalb und Huhn:
Das Rindfleisch 3 Stunden, Kalbfleisch 2 Stunden garen und in der letzten Stunde noch 2–3 Hühnerschenkel mit in den Topf geben.

Gratinierter Chicorée mit Schinken

Ganz einfach zu machen

1 Chicorée waschen, putzen und längs halbieren. In einem Topf Wasser mit Salz und Zucker zum Kochen bringen. Chicorée einlegen und bei mittlerer Hitze zugedeckt etwa 10 Minuten kochen.

2 Inzwischen die Petersilie waschen und trockenschwenken. Knoblauch schälen und mit der Petersilie sehr fein hacken. Beides mit etwas Salz, Pfeffer und Muskat abschmecken. Schinkenscheiben vom Fettrand befreien, auf der Arbeitsfläche ausbreiten und jeweils mit etwas Petersilienmischung bestreuen.

3 Den Backofen auf 200 °C (Umluft 180 °C) vorheizen. Chicorée etwas abtropfen lassen. Eigelb mit Sahne und Käse gut verrühren, salzen und pfeffern.

4 Jede Chicoréehälfte in eine Schinkenscheibe wickeln und nebeneinander in eine feuerfeste Form legen. Mit der Eigelbsahne übergießen und im heißen Ofen (Mitte) etwa 25 Minuten backen, bis die Oberfläche schön gebräunt ist.

Zubereitungszeit: 50 Minuten

Für 4 Portionen
6 Stauden Chicorée
Salz, 1 Prise Zucker
1 Bund Petersilie
4 Knoblauchzehen
Pfeffer
frisch geriebene Muskatnuss
12 dünne Scheiben
gekochter Schinken
3 Eigelbe
250 ml Sahne
100 g frisch geriebener
mittelalter Gouda

Hähnchen-Kürbis-Gratin mit Gorgonzola

Würzig und appetitlich gebräunt

1 Die Hähnchenbrustfilets kalt abspülen, trockentupfen und in dünne Scheiben schneiden. Kürbis schälen und von Kernen und dem faserigen Inneren befreien. Kürbis erst in Scheiben, dann in Stifte schneiden. Lauch putzen und der Länge nach aufschlitzen. Gründlich waschen und quer in feine Streifen schneiden.

2 Den Backofen auf 220 °C (Umluft 200 °C) vorheizen. In einem Topf Salzwasser zum Kochen bringen. Kürbis und Lauch darin etwa 2 Minuten vorkochen, in ein Sieb gießen und kalt abschrecken. Gemüsemischung salzen und pfeffern und in eine feuerfeste Form geben. Hähnchenstreifen darauf verteilen.

3 Sahne mit Brühe und Tomatenmark verrühren, mit Salz, Pfeffer und Zucker abschmecken und über das Hähnchenfleisch gießen. Käse klein würfeln und wie die Butter in Stückchen darauf verteilen. Gratin im Ofen etwa 20 Minuten backen.

4 Petersilie waschen, trockenschwenken, Blättchen fein hacken und vor dem Servieren über das Gratin streuen.

Zubereitungszeit: 45 Minuten

Für 4 Portionen
600 g Hähnchenbrustfilets
1 Stück Kürbis (etwa 600 g)
2 Stangen Lauch
Salz, Pfeffer
100 ml Sahne
50 ml Hühnerbrühe
1 EL Tomatenmark
1 Prise Zucker
200 g Gorgonzola
1 EL Butter
1/2 Bund Petersilie

Entenbrust mit Curry-Kürbis

Bei 80 Grad schonend im Ofen gegart

Für 4 Portionen
1 Limette
¼ Bund Koriandergrün
2 Knoblauchzehen
Salz, Pfeffer
frisch geriebene Muskatnuss
3 EL Öl
2 Entenbrüste (je etwa 350 g)
1 Stück Kürbis (etwa 800 g)
1 Bund Frühlingszwiebeln
1 walnussgroßes Stück Ingwer
1 rote Chilischote
2 TL rote Currypaste
150 ml milde Hühnerbrühe

1 Limette heiß waschen und abtrocknen, die Schale fein abreiben. Das Koriandergrün waschen und trockenschütteln, Blättchen abzupfen und sehr fein hacken. Knoblauch schälen und durchpressen.

2 Limettenschale mit Koriander, Knoblauch, Salz, Pfeffer, Muskat und 1 EL Öl verrühren. Entenbrüste auf der Hautseite kreuzweise einschneiden, rundherum mit der Mischung einreiben. Den Backofen auf 80 °C (Umluft nicht so gut geeignet) vorheizen.

3 Eine ofenfeste Pfanne auf dem Herd heiß werden lassen. Entenbrüste mit der Hautseite nach unten einlegen und bei mittlerer Hitze etwa 5 Minuten braten. Wenden und noch kurz weiterbraten. Dann in der Pfanne in den Ofen schieben und die Entenbrüste etwa 45 Minuten braten.

4 Inzwischen den Kürbis von den Kernen und dem faserigen Inneren befreien, schälen und das Fruchtfleisch in etwa 2 cm große Würfel schneiden. Die Frühlingszwiebeln waschen und mit dem zarten Grün in breitere Ringe schneiden. Den Ingwer schälen und fein hacken. Die Chilischote waschen, trocknen, der Länge nach halbieren, entkernen und in feine Streifen schneiden.

5 Etwa 10 Minuten vor Ende der Garzeit für die Entenbrust das übrige Öl in einem Topf erhitzen. Kürbis mit Chili, Zwiebelringen und Ingwer darin bei mittlerer Hitze unter Rühren etwa 5 Minuten braten. Currypaste untermischen, mit der Brühe ablöschen. Kürbis salzen und zugedeckt bei schwacher Hitze noch etwa 4 Minuten garen, bis er bissfest ist. Das Gemüse mit etwas Limettensaft und eventuell mit Salz abschmecken. Die Entenbrüste aus dem Ofen nehmen, in dünne Scheiben schneiden und mit dem Kürbisgemüse auf Tellern anrichten. Nach Belieben den Kürbis mit etwas Koriandergrün garnieren.

Zubereitungszeit: 1 Stunde

Tipp

Currypasten bekommen Sie im Asienladen in den Farben gelb, grün oder rot. Die grüne ist in der Regel die schärfste, für unseren Geschmack sind aber alle scharf. Welche Sie nehmen, hängt also eher von ihren Vorlieben als von den Empfehlungen auf der Packung ab. Ich persönlich nehme gerne die rote Paste, weil sie eine besonders schöne Farbe hat.

Hähnchen mit Topinambur und Cidre

Gelingt ganz leicht

Gemüse mit Fisch, Fleisch und Geflügel

Für 4 Portionen
800 g Topinambur
2 EL Zitronensaft
1 Stängel Salbei
4 Knoblauchzehen
4 Schalotten
4 Hühnerbeine (je etwa 220 g)
Salz, Pfeffer
2 EL Olivenöl
¼ l trockener Cidre
1 Lorbeerblatt
4 Wacholderbeeren
1 EL Crème fraîche
nach Belieben

1 Topinambur waschen, schälen und in eine Schüssel mit etwas Wasser und Zitronensaft legen, damit sie sich nicht verfärben.

2 Salbei waschen, trockenschütteln und die Blättchen abzupfen. Knoblauch und Schalotten schälen und ganz lassen. Hühnerbeine kalt abspülen und trockentupfen. Mit Salz und Pfeffer einreiben.

3 Das Öl in einem Schmortopf erhitzen. Hühnerbeine darin rundherum kräftig anbraten, herausnehmen. Schalotten, Knoblauch und die abgetropften Topinambur in dem Topf ebenfalls anbraten, salzen und pfeffern. Salbei untermischen.

4 Alles mit Cidre aufgießen, Lorbeerblatt und Wacholderbeeren dazugeben. Die Hühnerbeine wieder einlegen und zugedeckt bei schwacher Hitze etwa 40 Minuten schmoren, bis sie gar sind. Nach Belieben die Crème fraîche einrühren, das Gemüse abschmecken und mit den Hühnerbeinen servieren. Dazu schmecken Rosmarinkartoffeln oder Brot.

Zubereitungszeit: 1 Stunde

Hähnchenbrust mit Kohl aus der Folie

Schonend und aromatisch gegart

Für 4 Portionen
2 Bund Frühlingszwiebeln
400 g Weißkohl
Salz, 2 Knoblauchzehen
4 Hähnchenbrustfilets
(etwa 700 g)
Pfeffer, 4–5 Stängel Estragon
125 g Mozzarella
8 EL trockener Wermut
(Noilly Prat)

1 Frühlingszwiebeln waschen, putzen, Zwiebeln ganz lassen. Kohl waschen, putzen und in feine Streifen schneiden. In einem Topf Salzwasser zum Kochen bringen, Zwiebeln und Kohl darin etwa 2 Minuten blanchieren, kalt abschrecken und abtropfen lassen. Knoblauch schälen und in Scheiben schneiden.

2 Den Backofen auf 220 °C (Umluft 200 °C) vorheizen. Vier Stück Alufolie zuschneiden und mit der glänzenden Seite nach oben auf die Arbeitsfläche legen. Hähnchenbrustfilets kalt abspülen, trockentupfen, salzen und pfeffern. Den Estragon waschen und trockenschwenken, die Blättchen abzupfen und fein hacken.

3 Kohlmischung jeweils auf der Folie verteilen, salzen und pfeffern. Die Hähnchenbrüste darauf legen und mit Estragon und Knoblauch bestreuen. Den Mozzarella in dünnen Scheiben darauf verteilen. Den Wermut seitlich angießen. Die Alufolie zu Päckchen verschließen. Auf ein Blech legen und im heißen Ofen etwa 30 Minuten backen. Dazu schmecken Rosmarinkartoffeln oder einfach nur Brot.

Zubereitungszeit: 55 Minuten

Kaninchen mit Artischocken

Mediterranes für Genießer

1 Kaninchenstücke kalt abspülen und alle Knochensplitter entfernen. Kaninchen trockentupfen und mit Salz und Pfeffer einreiben.

2 Von den Artischocken die äußeren Blätter großzügig ablösen, bis sie hell sind und sich am unteren Ende (wo man sie abzupft) leicht beißen lassen. Die Spitzen der restlichen Blätter abschneiden, die Stiele spitz zulaufend schälen. Kräuter waschen und trockenschütteln, Petersilienblättchen abzupfen und fein hacken, die übrigen Kräuter an den Stängeln lassen. Knoblauch schälen und halbieren.

3 Das Öl in einem Schmortopf erhitzen, die Kaninchenstücke darin rundherum gut anbraten und herausnehmen. Artischocken im Bratfett gut anbraten, Kräuter und Knoblauch dazugeben. Mit dem Weißwein und nach Belieben mit Noilly Prat ablöschen und die Artischocken salzen und pfeffern. Kaninchenstücke wieder einlegen und zugedeckt bei schwacher Hitze etwa 40 Minuten schmoren.

4 Cocktailtomaten waschen und halbieren. Mit den Oliven zum Kaninchen geben und nur kurz erhitzen. Alles mit Salz und Pfeffer abschmecken und servieren.

Zubereitungszeit: 1 Stunde

Tipps

◆ Dazu schmecken Rosmarinkartoffeln oder Baguette.

◆ Tomaten kommen im Herbst in guten Jahren noch aus dem Freiland schön aromatisch in den Handel, im Winter lässt ihr Aroma allerdings oft zu wünschen übrig. Entweder lässt man sie dann ganz weg oder man greift auf Dosentomaten zurück. In italienischen Feinkostgeschäften gibt es manchmal auch gehäutete Cocktailtomaten in der Dose. Frische Cocktailtomaten haben übrigens auch im Winter oft mehr Aroma.

Für 4 Portionen

1 Kaninchen (vom Händler in 8–10 Stücke teilen lassen)
Salz, Pfeffer
8 kleine zarte Artischocken
je ein paar Stängel Salbei, Thymian, Lavendel und Oregano
1/2 Bund Petersilie
8 Knoblauchzehen
6 EL Olivenöl
200 ml trockener Weißwein
50 ml Noilly Prat nach Belieben
150 g Cocktailtomaten
50 g kleine schwarze Oliven

Köstlich
vegetarisch

Pastinaken in Currysahne

Superschnell fertig

Für 4 Portionen
700 g Pastinaken
3 EL Olivenöl
2 TL Currypulver
1 TL grüne Pfefferkörner
(frisch oder aus dem Glas)
1/8 l Gemüsebrühe
100 ml Sahne, Salz

1 Die Pastinaken schälen und in dünne Scheiben schneiden. Große Scheiben halbieren oder vierteln. Das Öl in einer Pfanne erhitzen, die Pastinaken darin unter Rühren bei mittlerer Hitze etwa 5 Minuten braten.

2 Das Currypulver darüber stäuben und kurz anschwitzen. Grüne Pfefferkörner untermischen, mit der Brühe ablöschen und aufkochen. Sahne dazugießen und die Sauce etwas einkochen lassen. Mit Salz abschmecken und servieren.

Zubereitungszeit: 15 Minuten

Tipp Dazu schmecken Nudeln, Reis oder Kartoffeln.

Steckrüben-Wirsing-Gemüse

Preiswert und ganz einfach zu machen

Für 4 Portionen
1/2 Steckrübe (etwa 500 g)
1 Stück Wirsing (etwa 500 g)
1 Zwiebel
2 EL Butter
1 EL Öl
1 EL Puderzucker
1/8 l Gemüsebrühe oder
trockener Weißwein
Salz, Pfeffer
frisch geriebene Muskatnuss
1 TL Zitronensaft oder
Apfelessig
1/2 Bund Petersilie

1 Steckrübe schälen und erst in Scheiben, dann in feine Streifen schneiden. Den Wirsing putzen und waschen, in die einzelnen Blätter teilen. Die dicken Blattrippen der Blätter flach schneiden, die Blätter in feine Streifen schneiden. Zwiebel schälen, vierteln und ebenfalls in feine Streifen schneiden.

2 In einer Pfanne Butter und Öl erhitzen. Zucker einrühren und schmelzen lassen. Steckrüben mit Zwiebelstreifen untermischen und unter Rühren einige Minuten anbraten. Wirsing dazugeben und kurz mitbraten.

3 Gemüse mit der Brühe aufgießen, mit Salz, Pfeffer, Muskat und Zitronensaft abschmecken und zugedeckt bei schwacher Hitze 15–20 Minuten schmoren, bis es bissfest ist. Petersilie waschen, trockenschwenken und die Blättchen fein hacken. Gemüse abschmecken und mit der Petersilie bestreut servieren.

Zubereitungszeit: 40 Minuten

Tipp Dazu schmecken Schupfnudeln oder Kartoffelpuffer.

Schwarzwurzeln in Orangen-Chili-Sauce

Vegetarisches für Feinschmecker

1 Die Schwarzwurzeln gründlich abbürsten und schälen. Die geschälten Stangen in eine Schüssel mit Wasser und Essig geben, damit sie hell bleiben. Die Schwarzwurzeln in etwa 5 cm lange Stücke schneiden.

2 Die Schwarzwurzeln mit 400 ml Wasser und Salz zum Kochen bringen und zugedeckt bei schwacher bis mittlerer Hitze in 20–25 Minuten garen.

3 Inzwischen die Schalotten schälen und fein hacken. Die Chilischoten waschen, putzen und mit den Kernen sehr fein hacken. Die gegarten Schwarzwurzeln abgießen, abtropfen lassen, dabei den Garsud auffangen und 150 ml abmessen.

4 Die Butter in einem weiten Topf zerlassen, die Schalotten- und Chiliwürfel darin kurz anschwitzen. Schwarzwurzeln dazugeben und mit Zucker bestreuen. Unter Rühren braten, bis die Schwarzwurzeln leicht braun sind.

5 Orangensaft und Garsud angießen und alles zum Kochen bringen. Die Sauce etwas einkochen lassen, dann die Crème fraîche unterrühren. Das Gemüse mit Salz und Kümmel abschmecken und servieren.

Zubereitungszeit: 50 Minuten

Tipp Dazu schmecken Kartoffelpüree oder auch Bulgur.

Varianten

◆ Versuchen Sie die Sauce auch einmal mit Blutorangensaft, sie sieht damit besonders attraktiv aus.

◆ Statt Orange schmeckt auch Limette sehr gut. Dafür die Schale von 1 Limette abreiben und den Saft auspressen. Den Saft mit Wein oder mildem Gemüsefond auf 150 ml auffüllen.

◆ Wer nicht so gerne scharf isst, lässt die frischen Chilischoten weg und würzt die Sauce zum Schluss mit etwas Chilipulver oder rosenscharfem Paprikapulver.

Für 4 Portionen

750 g Schwarzwurzeln
3 EL Weißweinessig
Salz
3 Schalotten
2 rote Chilischoten
2 EL Butter
3 TL Zucker
150 ml Orangensaft
(frisch gepresst)
3 EL Crème fraîche
1 Prise gemahlener Kümmel

Topinambur-Tajine

Von der marokkanischen Küche inspiriert

Für 4 Portionen
1 Bund Koriandergrün
2 Knoblauchzehen
Salz
1 EL edelsüßes
Paprikapulver
1 EL gemahlener
Kreuzkümmel
1 TL Ras-el-Hanut
(marokkanische
Gewürzmischung)
1/2 TL schwarzer Pfeffer
4 EL Olivenöl
1 Döschen Safranfäden
600 g Topinambur
2 Zwiebeln
200 g Möhren
je 1 rote und grüne
Paprikaschote
2 Tomaten

1 Das Koriandergrün waschen und trockenschütteln. Die Blättchen abzupfen. Den Knoblauch schälen und beides mit Salz sehr fein hacken. Mit dem Paprikapulver, Kreuzkümmel, Ras-el-Hanut, Pfeffer und 2 EL Olivenöl gründlich verrühren, mit Salz abschmecken.

2 Den Safran zerkrümeln und mit 200 ml Wasser verrühren. Stehenlassen, bis das Wasser gelb ist. Die Topinambur in kochendem Wasser 3–4 Minuten vorgaren, kalt abschrecken, schälen und in knapp 1 cm dicke Scheiben schneiden. Zwiebeln schälen und achteln. Möhren schälen, der Länge nach vierteln und in etwa 5 cm lange Stücke schneiden. Paprika waschen, jeweils den Stiel abschneiden und die Paprika in Ringe schneiden. Tomaten waschen und in Scheiben schneiden.

3 In die Tajine oder einen Schmortopf das restliche Öl geben. Die Topinambur in der Sauce wenden und auf dem Topfboden ausbreiten. Darauf Möhren, Zwiebeln, Paprika und Tomaten (jeweils auch in der Sauce gewendet) schichten. Das Gemüse dabei jeweils leicht salzen.

4 Das Gemüse zugedeckt erhitzen und bei schwacher Hitze insgesamt etwa 1 Stunde schmoren, bis es weich ist. Dabei nach und nach das Safranwasser dazugießen.

Zubereitungszeit: 1 1/2 Stunden

Tipps

◆ Einen Tajinetopf bekommen Sie in orientalischen Geschäften. Ist der Topf unglasiert, wird er vor dem Garen mindestens 1/2 Stunde in kaltem Wasser gewässert. Bei glasierten Tajinetöpfen ist das nicht nötig. Im Handel sind außerdem Tajinegefäße aus dünnem Ton, die man allerdings nicht zum Garen, sondern nur zum Servieren verwenden kann.

◆ Wenn Sie keinen Tajinetopf haben, nehmen Sie stattdessen einen Schmortopf. Am besten eignet sich dafür ein Gusseisentopf. Die Garzeit im Gusseisentopf kann etwas kürzer sein.

◆ Ras-el-Hanut ist eine marokkanische Mischung aus bis zu 23 verschiedenen Gewürzen, die in jeder Region und jedem Haushalt wieder anders gemischt wird. Fast immer mit dabei sind Koriander, Kreuzkümmel, Ingwer, Kardamom, Kurkuma, Muskat, Pfeffer, Gewürznelken, Safran und Zimt. Sie bekommen die Mischung auch in Asia-Läden.

Steckrübencurry mit Joghurt

Indisch angehaucht

Für 4 Portionen
1 Steckrübe (etwa 600 g)
2 Chicoréestauden
250 g Cocktailtomaten
2 Zwiebeln
4 Knoblauchzehen
1 Stück frischer Ingwer
(etwa 3 cm lang)
1 rote Chilischote
je 2 TL Kurkuma, gemahlener
Kreuzkümmel, Koriander
und edelsüßes Paprikapulver
1 TL Zimtpulver
Salz
4 EL neutrales Öl
300 g Joghurt
einige Stängel Koriandergrün,
Petersilie oder Rucola

1 Die Steckrübe schälen und in etwa 2 cm große Würfel schneiden. Den Chicorée waschen, putzen und in breite Streifen schneiden. Tomaten waschen und je nach Größe ganz lassen oder halbieren. Zwiebeln, Knoblauch und Ingwer schälen und sehr fein hacken. Chilischote waschen, der Länge nach halbieren, entkernen und in Streifen schneiden.

2 Alle Gewürze in einem Schälchen mit einer kräftigen Prise Salz mischen. Das Öl in einem breiten Topf oder in einer Pfanne mit Deckel erhitzen. Die Gewürze darin unter Rühren etwa 1 Minute braten. Gemüse, Zwiebeln, Knoblauch und Ingwer mit Chili dazurühren und gründlich untermischen.

3 Joghurt mit 1/8 l Wasser verrühren und unter das Gemüse mischen. Gemüse zugedeckt bei schwacher Hitze etwa 45 Minuten schmoren. Dabei immer mal wieder durchrühren und bei Bedarf noch etwas Flüssigkeit nachgießen.

4 Koriandergrün waschen und trockenschütteln. Blättchen abzupfen und sehr fein hacken. Das Curry abschmecken und eventuell nachwürzen, mit den Korianderblättchen bestreut servieren.

Zubereitungszeit: 1 Stunde

Tipp

Dazu schmeckt Reis, am besten Jasminreis, und ein Joghurt mit frisch gehackter Minze und etwas Knoblauch.

Varianten

◆ Steckrüben zum Teil oder ganz durch Knollensellerie oder Pastinaken ersetzen.
◆ Gut schmeckt es auch, wenn man ein paar fest kochende Kartoffeln mitgart.
◆ Wenn Sie keine aromatischen Tomaten bekommen, verwenden Sie Dosentomaten. Oder Sie lassen die Tomaten ganz weg, geben etwas mehr Wasser dazu und schmecken die Sauce zusätzlich mit etwa 1 EL Tomatenmark ab.
◆ Auch fein: vor dem Servieren ein paar leicht geröstete Kokosflocken auf das Gemüse streuen.

Topinambur-Artischocken-Topf

Verwandtschaftliches Verhältnis

1 Von den Artischocken die äußeren Blätter großzügig ablösen. Man hat genug abgelöst, wenn die Blätter am unteren Ende leicht beißen kann. Die Spitzen der übrigen Blätter mit der Küchenschere abschneiden, Stiel spitz zulaufend schälen. Die Artischocken der Länge nach vierteln und mit dem Zitronensaft mischen.

2 Die Topinambur schälen und in etwa 2 cm lange Stücke schneiden. Tomaten mit kochendem Wasser überbrühen, kurz ziehen lassen, kalt abschrecken, häuten und die Stielansätze entfernen. Die Tomaten in kleine Würfel schneiden. Die Zwiebel und den Knoblauch schälen und fein hacken. Die Chilischote waschen und mit den Kernen in feine Ringe schneiden. Die Kräuter waschen, trockenschwenken und ohne die groben Stiele fein schneiden.

3 Olivenöl in einem Schmortopf erhitzen. Die Artischocken und die Topinamburstücke darin rundherum anbraten. Zwiebel, Knoblauch und Chili untermischen, alles mit 150 ml Wasser aufgießen. Tomaten und Tomatenmark unterrühren. Die Hälfte der Kräuter dazugeben und das Gemüse mit Salz, Pfeffer und dem Zucker abschmecken. Zugedeckt bei schwacher Hitze etwa 20 Minuten schmoren, bis das Gemüse weich ist. Dabei zwischendurch gelegentlich umrühren und bei Bedarf noch etwas Flüssigkeit nachgießen.

4 Die Zitrone waschen, abtrocknen und in Schnitze schneiden. Das Gemüse abschmecken, mit den restlichen Kräutern bestreuen und mit Zitronenschnitzen garniert servieren.

Zubereitungszeit: 45 Minuten

Tipps

◆ Dazu schmeckt Fladenbrot mit Sesam, am besten im Ofen frisch aufgebacken und erwärmt.

◆ Die kleinen zarten Artischocken sind inzwischen auch bei uns so beliebt, dass sie im Winter auf größeren Märkten fast immer im Angebot sind. Wenn Sie dennoch keine bekommen, nehmen Sie stattdessen Artischockenherzen aus dem Glas (die in Öl eingelegten sind besser aber auch teurer als die im Sud) und geben sie erst zum Schluss zu den Topinambur, um sie nur zu erwärmen.

Für 4 Portionen
4 kleine Artischocken
1 EL Zitronensaft
600 g Topinambur
4 Tomaten
1 Zwiebel
4 Knoblauchzehen
1 rote Chilischote
je 1 Bund Petersilie und Dill
4 EL Olivenöl
1 EL Tomatenmark
Salz, Pfeffer
1 TL Zucker
1 Zitrone

Wirsingrouladen mit Kartoffelfüllung

Machen Kohlrouladen Konkurrenz

Für 4 Portionen
1 Kopf Wirsing
Salz
600 g vorwiegend
festkochende Kartoffeln
4 EL Olivenöl
1 Bund Frühlingszwiebeln
4 Knoblauchzehen
1 Bund Petersilie
150 g frisch geriebener
(Ziegen-)Gouda
200 g saure Sahne oder
Schmand
3–4 EL Semmelbrösel
Pfeffer
frisch geriebene Muskatnuss
$1/4$ l Gemüsebrühe
1 EL Tomatenmark

1 Vom Wirsing 8–12 Blätter (je nach Größe) vorsichtig ablösen. Den restlichen Wirsing für ein anderes Gericht verwenden. Die dicken Blattrippen der Wirsingblätter flach schneiden. Wirsingblätter in kochendem Salzwasser etwa 5 Minuten garen, bis sie bissfest sind.

2 Für die Füllung die Kartoffeln schälen und grob raspeln. In einer Pfanne 2 EL Olivenöl erhitzen, die Kartoffeln darin bei mittlerer Hitze etwa 5 Minuten braten, dann in eine Schüssel umfüllen.

3 Die Frühlingszwiebeln waschen, putzen und mit dem zarten Grün in feine Ringe schneiden. Den Knoblauch schälen und fein hacken. Petersilie waschen, trockenschwenken und die Blättchen ebenfalls sehr fein zerkleinern.

4 Die Kartoffeln mit Zwiebelringen, Knoblauch, Petersilie, Käse, saurer Sahne und Semmelbröseln mischen und mit Salz, Pfeffer und Muskat abschmecken. Die Masse auf den Wirsingblättern verteilen, die Ränder nach innen klappen und die Blätter aufrollen. Mit Küchengarn zusammen binden oder die Enden mit Rouladennadeln feststecken.

5 Das übrige Öl in einem Topf erhitzen, die Rouladen darin rundherum leicht anbraten. Gemüsebrühe angießen und die Wirsingrouladen bei schwacher Hitze zugedeckt in 35–40 Minuten weich schmoren. Die Rouladen aus dem Topf heben, die Sauce mit dem Tomatenmark mischen, abschmecken und zu den Wirsingrouladen servieren.

Zubereitungszeit: 1 $1/4$ Stunden

Tipps

◆ Dazu passt knuspriges Weißbrot.

◆ Die Wahl des Käses ist bei diesem Gericht nicht ganz unwichtig. Je würziger er ist, desto aromatischer wird die Kartoffelfüllung auch. Statt Ziegengouda eignen sich auch mittelalter Pecorino, Manchego oder ein würziger Hartkäse aus Frankreich gut. Die Schweizer Greyerzer und Appenzeller haben dagegen ein so eigenes Aroma, dass sie nicht so gut in die Füllung passen.

Pasta mit Portulakpesto

Gleich auf Vorrat machen

Für 4 Portionen
100 g Portulak
1 Knoblauchzehe
4 getrocknete, in Öl
eingelegte Tomaten
50 g Cashewnusskerne
oder Pinienkerne
8 EL Olivenöl
2 EL frisch geriebener
Parmesan
Salz, Pfeffer
200 g feine grüne Bohnen
400 g mittelbreite Bandnudeln
nach Belieben
frisch geriebener Parmesan

1 Portulak verlesen und in stehendem kaltem Wasser waschen. Gründlich trockenschwenken. Knoblauch schälen und grob schneiden. Die Tomaten abtropfen lassen und in sehr kleine Würfel schneiden.

2 Portulak mit Knoblauch, Cashew- oder Pinienkernen und Öl im Mixer fein pürieren. Parmesan und Tomaten untermischen, mit Salz und Pfeffer abschmecken.

3 Bohnen waschen und die Enden abschneiden. Reichlich Wasser zum Kochen bringen und salzen. Nudeln und Bohnen darin in etwa 8 Minuten bissfest garen.

4 Das Pesto in eine vorgewärmte Schüssel füllen und mit etwas Nudelkochwasser cremig rühren. Nudeln und Bohnen abgießen und mit dem Pesto mischen, sofort servieren. Eventuell frisch geriebenen Parmesan dazu reichen.

Zubereitungszeit: 25 Minuten

Tipp Wenn Sie das Pesto auf Vorrat machen wollen, den Rest in ein sauberes Schraubglas füllen und mit Öl bedecken. Gut verschlossen hält sich das Pesto im Kühlschrank etwa 3 Wochen.

Pasta mit Artischocken

Als ersten Gang vor einem leichten Hauptgericht servieren

Für 4 Portionen
8 kleine zarte Artischocken
6 EL Olivenöl
400 g Penne oder Fusilli
Salz, 1 Bund Petersilie
3 Knoblauchzehen
50 ml trockener Weißwein
Pfeffer
nach Belieben frisch
geriebener Parmesan oder
zerbröselter Schafkäse

1 Von den Artischocken die äußeren Blätter großzügig entfernen, bis sie sich am unteren Ende leicht beißen lassen. Die Spitzen der übrigen Blätter mit der Küchenschere kürzen und den Stiel spitz zulaufend schälen. Artischocken der Länge nach halbieren und in feine Scheiben schneiden.

2 In einer Pfanne 4 EL Olivenöl erhitzen, die Artischocken darin anbraten. Die Hitze reduzieren und die Artischocken etwa 10 Minuten braten.

3 Die Nudeln in reichlich Salzwasser „al dente" kochen.

4 Inzwischen Petersilie waschen, trockenschwenken, Blättchen fein hacken. Knoblauch schälen und sehr fein hacken. Beides unter die Artischocken rühren und kurz mitbraten. Artischocken mit dem Wein ablöschen und mit Salz und Pfeffer würzen.

5 Nudeln abgießen und mit den Artischocken und dem übrigen Öl verrühren. In vorgewärmten Tellern servieren. Dazu nach Belieben frisch geriebenen Parmesan oder zerbröselten Schafkäse servieren.

Zubereitungszeit: 30 Minuten

Schnelles Wokgemüse mit Glasnudeln

Etwas Besonderes

1 Pilze in einer Schüssel mit lauwarmem Wasser bedecken und etwa 20 Minuten einweichen. Die Glasnudeln in einer anderen Schüssel ebenfalls mit Wasser bedecken und 10 Minuten quellen lassen.

2 Pilze abtropfen lassen und die harten Stielenden abschneiden. Größere Pilze in Streifen schneiden. Glasnudeln abtropfen lassen und mit der Küchenschere kleiner schneiden.

3 Gemüse schälen oder waschen und putzen. Alle Gemüse in Stifte schneiden. Zwiebel, Knoblauch und Ingwer schälen. Zwiebel halbieren und in feine Streifen schneiden. Knoblauch und Ingwer fein hacken. Chilischoten waschen, vom Stielansatz befreien und mit den Kernen in feine Ringe schneiden.

4 Wok erhitzen und das Öl darin heiß werden lassen. Gemüse hineingeben und unter ständigem Rühren 4–5 Minuten braten, bis es bissfest ist. Pilze, Zwiebel, Knoblauch, Ingwer und Chili untermischen und das Gemüse unter Rühren noch weitere 2 Minuten braten.

5 Die Brühe mit Sojasauce, Reiswein, Zitronensaft und Sesamöl mischen und angießen. Alles einmal kräftig aufkochen lassen und das Gemüse mit Salz, Koriander und Zucker abschmecken.

6 Glasnudeln untermischen und alles auf der abgeschalteten Kochplatte kurz ziehen lassen. Frühlingszwiebeln waschen, putzen und mit dem Grün in feine Ringe schneiden. Gemüse und Glasnudeln noch einmal gut durchmischen, noch einmal abschmecken und mit den Zwiebelringen bestreut servieren.

Zubereitungszeit: 50 Minuten

Variante

Wer Glasnudeln nicht so gerne mag, gart nur das Gemüse und nimmt etwa die Hälfte der Sauce. Das Gemüse dann mit Duftreis servieren.

Für 4 Portionen

1 EL getrocknete Mu-Err-Pilze
150 g Glasnudeln
1 Stück Kürbis (etwa 400 g)
1 Pastinake (etwa 200 g)
1 Stück Wirsing oder Zuckerhut (etwa 250 g)
1 Stück Rettich (etwa 200 g)
1 Zwiebel
4 Knoblauchzehen
1 Stück Ingwer (etwa 2 cm lang)
1–2 rote Chilischoten
4 EL Öl
1/4 l Gemüsebrühe oder -fond
6 EL Sojasauce
4 EL Reiswein
4 EL Zitronen- oder Limettensaft
2 EL Sesamöl
Salz
etwas gemahlener Koriander
1 Prise Zucker
2 Frühlingszwiebeln

Kürbisrisotto mit Ingwerschaum

Bringt Ihre Gäste zum Staunen

Für 4 Portionen

½ Hokkaidokürbis
(etwa 500 g)
1 kleine Fenchelknolle
1 rote Zwiebel
2 Knoblauchzehen
je 1 TL Fenchel- und
Koriandersamen
1 EL Butter und
60 g kalte Butter
2 EL Olivenöl
400 g italienischer Risottoreis
1 l erhitzte Gemüsebrühe
(Hühnerbrühe schmeckt
auch, ist aber nicht
vegetarisch)
2 Zweige Rosmarin
1 EL Walnusskerne
1 Stück frischer Ingwer
(etwa 2 cm lang)
½ rote Chilischote
150 ml Sahne
Salz, Pfeffer
2 TL Zitronensaft

1 Kürbis waschen und die Kerne mit dem faserigen Inneren entfernen. Etwa ein Viertel des Kürbis beiseite legen, den Rest in grobe Würfel schneiden. Fenchel putzen, waschen und klein würfeln. Zwiebel und Knoblauch schälen und fein hacken. Fenchel- und Koriandersamen im Mörser fein zerstoßen.

2 In einem Topf 1 EL Butter und 1 EL Öl erhitzen. Zwiebel und Knoblauch mit etwa zwei Drittel der Gewürzmischung, dem Fenchel und dem grob gewürfelten Kürbis darin unter Rühren ein paar Minuten anbraten. Reis gründlich untermischen. Eine Schöpfkelle Brühe dazugießen und den Risotto unter häufigem Rühren offen bei mittlerer Hitze etwa 20 Minuten garen, bis der Reis bissfest ist. Dabei immer wieder Brühe nachgießen, sobald die Flüssigkeit im Topf verdampft ist.

3 Inzwischen den übrigen Kürbis in kleine Würfel schneiden. Rosmarin waschen und trockenschütteln, Nadeln abzupfen und fein hacken. Walnusskerne in kleine Stücke brechen.

4 Den Ingwer schälen und sehr fein hacken. Chili waschen, entkernen und ebenfalls sehr fein schneiden. Sahne mit Ingwer, Chili und übriger Gewürzmischung in einen Topf geben und bei mittlerer Hitze leicht einkochen lassen.

5 Gleichzeitig übriges Öl in einer Pfanne erhitzen und den Kürbis mit dem Rosmarin und den Walnüssen darin goldbraun braten. Mit Salz und Pfeffer würzen.

6 Die kalte Butter in kleine Würfel schneiden und mit dem Schneebesen nach und nach unter die Ingwersahne schlagen. Den Ingwerschaum mit Salz, Pfeffer und Zitronensaft abschmecken.

7 Risotto in tiefe Teller verteilen, mit etwas gebratenem Kürbis garnieren und mit dem Ingwerschaum beschöpfen.

Zubereitungszeit: 45 Minuten

Tipp

Risottoreis ist ein Mittelkornreis und kann auch für Paella verwendet werden. Er soll beim Garen wie Nudeln einen kleinen Kern behalten, also „al dente" sein. Risottoreis wird nie gewaschen, da die Stärke der Körner den Risotto so sämig machen soll, wie man ihn in Italien liebt. Die bekanntesten Reissorten sind Arborio, Carnaroli und Vialone.

Kürbisravioli mit Zitronen-Thymian-Butter

Lassen sich gut vorbereiten

Köstlich vegetarisch

84

Für 4 Portionen
Für den Teig:
350 g Mehl
4 Eier
1 EL Olivenöl
1 TL Salz

Für die Füllung:
1 Stück Muskatkürbis
(etwa 700 g)
Salz
2 Frühlingszwiebeln
1 Bund Basilikum
40 g Pinienkerne
50 g frisch geriebener
Parmesan
Pfeffer
1 Prise Cayennepfeffer

Außerdem:
Salz
1 unbehandelte Zitrone
6–8 Zweige frischer Thymian
50 g Butter

Nach Belieben
frisch geriebener Parmesan
oder Pecorino

1 Für den Teig Mehl mit Eiern, Öl und Salz zu einem glatten geschmeidigen Teig verkneten. Er soll weich sein, aber nicht an den Fingern kleben. Bei Bedarf noch etwas Wasser beziehungsweise Mehl unterarbeiten. Teig zu einer Kugel formen, in ein Küchentuch wickeln und etwa 30 Minuten bei Zimmertemperatur ruhen lassen.

2 Für die Füllung den Kürbis schälen und von den Kernen mit dem faserigen Inneren befreien. Kürbis würfeln und in einem Topf in wenig Salzwasser zugedeckt bei mittlerer Hitze in 10–15 Minuten weich garen. Wasser abgießen und den Kürbis im offenen Topf auf der abgeschalteten Herdplatte noch etwas ausdampfen lassen.

3 Frühlingszwiebeln waschen, putzen und mit dem knackigen Grün in feine Ringe schneiden. Basilikum waschen, trockenschütteln und die Blättchen fein hacken. Pinienkerne in einer Pfanne ohne Fett goldgelb rösten, abkühlen lassen und fein hacken. Kürbis fein pürieren und mit Zwiebelringen, Basilikum, Pinienkernen und Käse gründlich verrühren. Mit Salz, Pfeffer und Cayennepfeffer abschmecken.

4 Teig noch einmal durchkneten und in Portionen teilen. Jeweils mit der Nudelmaschine zu dünnen Platten formen oder auf wenig Mehl sehr dünn ausrollen. Die Hälfte der Teigplatten im Abstand von etwa 4 cm mit je 1 TL Füllung belegen. Die übrigen Teigplatten darauf legen. Den Teig zwischen der Füllung gut andrücken. Ravioli mit einem Ravioliroller oder Messer ausschneiden und die Ränder mit den Zinken einer Gabel (immer wieder in Mehl tauchen) gut zusammen drücken.

5 Reichlich Wasser mit Salz zum Kochen bringen. Zitrone heiß waschen, abtrocknen, Schale mit einem Zestenreißer ablösen oder dünn abschälen und in sehr feine Streifen schneiden. Thymian waschen, trockenschütteln, die Blättchen abstreifen.

6 Ravioli im heißen Wasser in 3–4 Minuten „al dente" kochen. Butter in einem Pfännchen mit dem Thymian aufschäumen und leicht braun werden lassen. Ravioli abtropfen lassen und auf vorgewärmte Teller verteilen. Zitronenschale in die Butter geben und die Butter auf den Ravioli verteilen. Nach Belieben frisch geriebenen Käse dazu servieren.

Zubereitungszeit: 1 3/4 Stunden

Tipp

Es lohnt sich, gleich eine größere Menge Ravioli zuzubereiten und den Rest einzufrieren. Die Ravioli dazu auf einem Tablett nebeneinander roh vorfrieren, erst dann in Gefrierbeutel füllen. Ravioli gefroren ins kochende Wasser geben. Sie brauchen nur eine 1–2 Minuten längere Garzeit und schmecken wie frische.

Rote-Bete-Maultaschen

Möglichst frisch essen, damit der Teig nicht durchweicht

1 Für die Füllung die Roten Bete in einem Topf mit Wasser bedecken und zum Kochen bringen. Rote Bete zugedeckt in 40–60 Minuten weich kochen. Aus dem Wasser nehmen und etwas ausdampfen lassen.

2 Für den Teig Mehl und Salz mischen. Eier und etwa 6 EL kaltes Wasser dazugeben und alles zu einem glatten geschmeidigen Teig verkneten. Er soll weich sein, darf aber nicht an den Fingern kleben. Bei Bedarf noch etwas Wasser beziehungsweise Mehl unterarbeiten. Den Teig zu einer Kugel formen und in ein Küchentuch gewickelt bei Zimmertemperatur ruhen lassen, bis die Füllung zubereitet ist.

3 Das Toastbrot in eine Schüssel legen, mit der Milch übergießen und weich werden lassen. Lauch putzen, der Länge nach aufschlitzen und gründlich waschen. Den Lauch fein schneiden. Petersilie waschen und trockenschwenken. Blättchen abzupfen und ebenfalls sehr fein hacken. Butter zerlassen, Lauch darin unter Rühren 2–3 Minuten braten, Petersilie untermischen.

4 Die Roten Bete schälen und sehr fein, fast musartig hacken. Das Toastbrot ausdrücken und gut zerpflücken. Rote Bete mit Lauchmischung, Brot, Frischkäse und Eiern gründlich mischen und mit Salz, Pfeffer und Muskat abschmecken.

5 Teig noch einmal durchkneten und auf wenig Mehl zu einer dünnen Platte ausrollen. Den Teig in Stücke von 16 cm Länge und 6 cm Breite schneiden. Die Teigstücke jeweils auf einer Hälfte mit Füllung belegen, rundherum einen Rand frei lassen. Eiweiß verrühren, die Teigränder damit bestreichen. Teigstücke zusammenklappen und die Ränder mit den Zinken einer Gabel gut zusammendrücken.

6 In einem großen Topf reichlich Wasser mit Salz zum Kochen bringen. Die Maultaschen portionsweise in das heiße Wasser geben und jeweils etwa 8 Minuten kochen. Die Maultaschen mit einem Schaumlöffel aus dem Wasser heben und nebeneinander auf ein Küchenbrett legen.

7 Wenn alle Maultaschen gekocht sind, die Brühe erhitzen und die Maultaschen noch einmal kurz darin erwärmen. In der Brühe servieren.

Zubereitungszeit: 1 3/4 Stunden

Tipps

◆ Wer mag, kann aus dem Teig und der Füllung auch kleine Ravioli formen.

◆ Statt in Brühe schmecken die Maultaschen auch gebraten gut. Dafür einfach nach dem Kochen in Butterschmalz oder einer Mischung aus Butter und Öl auf beiden Seiten braten und mit Salat servieren.

Für 6 Portionen

Für den Teig:
400 g Mehl
1 TL Salz
3 Eier

Für die Füllung:
2 Rote Bete (etwa 350 g)
6 Scheiben Toastbrot
1/4 l Milch
2 Stangen Lauch
1/2 Bund Petersilie
1 EL Butter
200 g Doppelrahm-Frischkäse
2 große Eier
Salz, Pfeffer
frisch geriebene Muskatnuss
1 Eiweiß

Außerdem:
1/2 l Gemüsebrühe

Gemüsepfannkuchen mit Kräutersahne

Lässt viele Varianten zu

Für 4 Portionen
350 g Mehl
Salz, Pfeffer
3 Eier
650 ml Milch
150 g Steckrübe oder
Pastinake
150 g Kürbis
1 Chicorée
1 kleine rote Paprikaschote
1 Hand voll Spinat
1 dünne Stange Lauch
2 Knoblauchzehen

Für die Kräutersahne:
1 Bund gemischte Kräuter
oder 100 g Rucola
abgeriebene Schale von
½ unbehandelten Zitrone
400 g saure Sahne
1 TL scharfer Senf
1 TL Rapsöl, Salz, Pfeffer

Außerdem:
50 g Butterschmalz
zum Braten

1 Mehl mit Salz und Pfeffer mischen. Eier und Milch nach und nach untermischen, bis ein ziemlich dünnflüssiger Teig entstanden ist. Etwa 30 Minuten quellen lassen.

2 Inzwischen die Steckrübe schälen. Kürbis schälen und von den Kernen befreien. Chicorée und Paprika waschen und putzen. Spinat verlesen, waschen und abtropfen lassen. Lauch putzen, der Länge nach aufschlitzen und gründlich waschen. Steckrübe, Kürbis, Chicorée, Paprika und Lauch in feine Streifen schneiden. Knoblauch schälen und mit dem Spinat sehr fein hacken. Das Gemüse in kochendem Salzwasser etwa 2 Minuten blanchieren, kalt abschrecken und abtropfen lassen.

3 Für die Kräutersahne die Kräuter waschen und trockenschütteln. Die Blättchen abzupfen und fein hacken. Mit der Zitronenschale unter die saure Sahne mischen. Den Senf und das Rapsöl unterrühren und die Kräutersahne mit Salz und Pfeffer abschmecken. Den Backofen auf 70 °C vorheizen.

4 Den Teig noch einmal durchrühren, das gut abgetropfte Gemüse untermischen. In einer Pfanne etwas Butterschmalz erhitzen. Etwa 1 Schöpfkelle Teig in die Pfanne geben und verteilen. Bei mittlerer Hitze etwa 2 Minuten backen, dann wenden und noch einmal so lange backen. Die fertigen Pfannkuchen jeweils im Backofen warm halten und aus dem übrigen Teig weitere Pfannkuchen backen.

5 Sobald der ganze Teig verbraucht ist, die Gemüsepfannkuchen mit der Kräutersahne servieren.

Zubereitungszeit: 1 Stunde

Varianten

◆ Sowohl den Teig als auch sein »Innenleben« können Sie vielfältig variieren. Einen Teil des Mehls oder auch die gesamte Menge durch Vollkornmehl ersetzen. Oder einen Teil davon (bis zu einem Drittel) durch Buchweizenmehl ersetzen, das dem Teig einen nussigen Geschmack verleiht.

◆ Wer mag, kann nur eine Gemüsesorte wie Steckrüben oder Kürbis nehmen oder auch einmal zwei mischen. Gute Partner sind Steckrüben und Paprikaschoten, Kürbis und Spinat oder Rucola, Pastinaken und Chicorée oder Radicchio und Lauch und viele Kräuter.

Rote Bete mit Birnen und Gorgonzola

Macht kaum Arbeit

Für 4 Portionen
700 g kleinere Rote Bete
2 Birnen
2 EL Zitronensaft
Salz, Pfeffer
100 ml Sahne
1 EL Walnusskerne
200 g Gorgonzola

1 Die Roten Bete waschen und in kochendem Wasser in 30–40 Minuten weich kochen. Etwas ausdampfen lassen.

2 Inzwischen die Birnen vierteln, schälen, vom Kerngehäuse befreien und in dickere Scheiben schneiden. Mit dem Zitronensaft mischen. Den Backofen auf 220 °C (Umluft 200 °C) vorheizen.

3 Die Roten Bete schälen und ebenfalls in Scheiben schneiden. Rote Bete und Birnen dachziegelartig in eine feuerfeste Form schichten, mit Salz und Pfeffer würzen, die Sahne seitlich angießen.

4 Die Walnusskerne in kleine Stücke brechen und in die Form streuen. Den Gorgonzola in kleine Würfel schneiden und darauf verteilen. Das Gemüse im Ofen etwa 15 Minuten überbacken, bis der Käse zerlaufen und leicht gebräunt ist.

Zubereitungszeit: 1 Stunde

Tipp Dazu schmecken Kartoffeln oder Brot.

Gebackener Kürbis mit Kräuter-Senf-Dip

Gelingt ganz leicht

Für 4 Portionen
1 Stück Muskatkürbis oder
1 Hokkaidokürbis (etwa 1 kg)
2 EL Olivenöl
Salz, Pfeffer
1 Bund gemischte Kräuter
250 g Joghurt
150 g saure Sahne
2 TL scharfer Senf
1 TL süßer Senf
1 TL gelbes Senfpulver
1 Prise Zucker

1 Den Backofen auf 180 °C (Umluft 160 °C) vorheizen. Kürbis waschen und in Spalten schneiden. Die Kerne mit dem faserigen Inneren herauslösen. Kürbisspalten nebeneinander auf ein Backblech legen und mit dem Öl beträufeln. Mit Salz und Pfeffer bestreuen und im Ofen (Mitte) 30–40 Minuten backen, bis die Kürbisspalten weich sind.

2 Inzwischen die Kräuter waschen und trockenschütteln. Blättchen abzupfen und sehr fein hacken. Joghurt mit saurer Sahne, beiden Sorten Senf und Senfpulver verrühren. Die Kräuter untermischen und den Dip mit Salz, Pfeffer und Zucker abschmecken. Den Kräuter-Senf-Dip zum Kürbis servieren.

Zubereitungszeit: 1 Stunde

Gebackene Rote Bete mit Zitronen-Gurken-Sauce

Abwandlung der amerikanischen Baked Potatoes

1 Den Backofen auf 200 °C (Umluft 180 °C) vorheizen. Die Roten Bete gründlich unter fließendem Wasser abbürsten. Die Butter zerlassen und salzen. Die Roten Bete mit der Butter einpinseln und in eine feuerfeste Form legen. Im Backofen etwa 1 Stunde backen, bis sie weich sind.

2 Für die Sauce die Zitrone heiß waschen und abtrocknen, die Schale dünn abschneiden und sehr fein hacken. Die Petersilie waschen und trockenschwenken, die Blättchen ebenfalls fein schneiden. Gewürzgurke und Kapern klein hacken. Die Salatgurke waschen oder schälen und der Länge nach halbieren. Die Kerne mit einem Löffel aus den Hälften kratzen, die Gurkenhälften fein würfeln.

3 Die saure Sahne mit Senf verrühren. Zitronenschale, Petersilie, Gewürzgurken-Kapern-Mischung und Gurkenwürfel untermengen und die Sauce mit Salz und Pfeffer abschmecken.

4 Die gebackenen Roten Bete mit der Sauce und Fladenbrot servieren.

Zubereitungszeit: 1 Stunde

Tipps

◆ Zarte Rote Bete können Sie mit der Schale essen, dann nur den Wurzelansatz abschneiden. Rote Bete mit dicker Schale besser ganz schälen.

◆ Gut schmecken dazu auch Kartoffeln, die Sie gleich im Ofen mitbacken können. Dazu einige mittelgroße Kartoffeln gründlich unter fließendem Wasser abbürsten, abtrocknen und ebenfalls mit geschmolzener Salzbutter bestreichen. Die Kartoffeln nach 20 Minuten Backzeit mit in den Ofen legen.

Für 4 Portionen
8 kleinere Rote Bete
(etwa 900 g)
1 EL Butter
Salz
1 unbehandelte Zitrone
½ Bund Petersilie
1 Gewürzgurke
1 EL Kapern
1 kleine Salatgurke (etwa 150 g)
400 g saure Sahne oder Schmand
1 TL scharfer Senf
frisch gemahlener Pfeffer
Fladenbrot

Steckrübenwedges
mit roher Tomatensauce

Noch einmal stand die US-Küche Pate

Für 4 Portionen
1 Steckrübe (etwa 1 kg)
4 EL neutrales Öl
Salz
2 TL edelsüßes
Paprikapulver
500 g Tomaten
2 Knoblauchzehen
1 Bund Petersilie
2 TL gemahlener
Kreuzkümmel
Pfeffer
2 EL Olivenöl

1 Den Backofen auf 200 °C (Umluft 180 °C) vorheizen. Die Steckrübe schälen, vierteln und in gut 1 cm dicke Spalten schneiden. Öl mit Salz und dem Paprikapulver verrühren, mit den Steckrüben mischen. Ein Backblech mit Backpapier auslegen und die Steckrüben nebeneinander darauf verteilen. Die Steckrüben im Backofen (Mitte) etwa 25 Minuten backen, bis sie weich und knusprig sind. Dabei ein- bis zweimal wenden.

2 Inzwischen für die Sauce die Tomaten mit kochendem Wasser überbrühen, häuten und so fein wie möglich hacken. Den Knoblauch schälen, die Petersilie waschen, trockenschwenken und die Blättchen abzupfen. Beides zusammen sehr fein hacken und mit den Tomaten vermischen. Mit Kreuzkümmel, Salz und Pfeffer abschmecken und zum Schluss das Öl gründlich unterrühren.

3 Die heißen Steckrüben mit der würzigen Tomatensauce servieren.
Zubereitungszeit: 35 Minuten

Tipp
Dazu passt Fladenbrot und eventuell ein kleiner Salat.

Varianten
◆ Statt der Tomatensauce schmeckt zum Beispiel auch eine leichte Mayonnaisesauce dazu: Salatmayonnaise und saure Sahne zu gleichen Teilen verrühren und mit scharfem sowie süßem Senf und fein gehacktem Dill abschmecken.

◆ Lecker ist auch eine Remouladensauce. Dafür 2 Gewürzgurken, 1 milde weiße oder rote Zwiebel, 1 Sardellenfilet in Öl und je einige Stängel Petersilie, Dill und Schnittlauch fein hacken. Je 100 g Mayonnaise und Joghurt (oder auch nur Mayonnaise nehmen, die Sauce ist aber dann natürlich fetter) mischen und die klein geschnittenen Zutaten untermischen. Mit 1 EL Kapern verrühren und die Sauce mit Salz, Pfeffer und etwas Zitronensaft abschmecken.

◆ Und auch Tzatziki passt zu den Wegdes: 1 kleinere Salatgurke schälen und längs halbieren. Kerne mit einem Löffel herauskratzen. Gurkenhälften fein raspeln, einsalzen und 10 Minuten ziehen lassen. Anschließend gut abtropfen lassen und mit 500 g Joghurt mischen. 2 Knoblauchzehen schälen und dazupressen. Tzatziki mit etwas Olivenöl, Salz und Pfeffer abschmecken.

Rosenkohlgratin mit Rosmarin und Walnüssen

Mal ungewöhnlich kombiniert

Für 4 Portionen
750 g Rosenkohl
Salz
2 kleinere Zwiebeln
6 Zweige Rosmarin
50 g Walnusskerne
2 EL Olivenöl
150 ml Sahne
100 g frisch geriebener
Parmesan
frisch gemahlener Pfeffer

1 Den Rosenkohl putzen und längs halbieren. $\frac{1}{2}$ l Wasser mit Salz zum Kochen bringen, den Rosenkohl darin etwa 5 Minuten vorkochen. Den Rosenkohl abtropfen lassen, die Garflüssigkeit dabei auffangen.

2 Den Backofen auf 220 °C (Umluft 200 °C) vorheizen. Die Zwiebeln schälen und fein hacken, den Rosmarin waschen und trockenschwenken. Die Nadeln abzupfen und ebenfalls fein hacken. Die Walnusskerne in kleine Stücke brechen.

3 Öl in einem Topf erhitzen, Zwiebeln mit Rosmarin und Walnüssen darin 2–3 Minuten braten. Mit etwa 200 ml Rosenkohlsud aufgießen und einige Minuten köcheln lassen. Sahne und Käse (bis auf 3 EL) dazugeben und unter Rühren schmelzen. Die Sauce mit Pfeffer und eventuell noch etwas Salz abschmecken.

4 Rosenkohl in einer feuerfesten Form mit der Sauce übergießen, mit dem übrigen Käse bestreuen und 20–25 Minuten backen, bis er schön gebräunt ist.

Zubereitungszeit: 45 Minuten

Gratinierte Schwarzwurzeln

So richtig lecker

Für 4 Portionen
1 kg Schwarzwurzeln
3 EL Zitronensaft, Salz
2 EL Butter
1 EL Mehl
$\frac{1}{2}$ l Milch
2 EL Crème fraîche
100 g frisch geriebener
Parmesan
etwas abgeriebene
Zitronenschale
Pfeffer
frisch geriebene
Muskatnuss

1 Schwarzwurzeln abbürsten und schälen. Die Stangen kurz in eine Schüssel mit Wasser und Zitronensaft legen. Anschließend in 10 cm lange Stücke schneiden.

2 Schwarzwurzeln mit $\frac{1}{2}$ l Wasser und Salz zum Kochen bringen und zugedeckt bei schwacher bis mittlerer Hitze etwa 15 Minuten vorgaren. Abtropfen lassen und in eine feuerfeste Form legen.

3 Für die Sauce die Butter zerlassen, Mehl darin goldgelb anrösten. Milch nach und nach unter Rühren dazugießen. Sauce offen bei schwacher Hitze etwa 10 Minuten köcheln lassen. Inzwischen den Backofen auf 220 °C (Umluft 200 °C) vorheizen.

4 Crème fraîche und Käse in die Sauce rühren, mit Zitronenschale, Salz, Pfeffer und Muskat abschmecken. Die Schwarzwurzeln damit übergießen und im Ofen (Mitte) etwa 20 Minuten backen, bis die Sauce gebräunt ist.

Zubereitungszeit: 50 Minuten

Tipp Dazu schmecken Rosmarinkartoffeln oder andere Bratkartoffeln.

Steckrübengratin mit Pilzen

Fein, würzig und aromatisch

1 Die Steckrüben schälen und in dünne Scheiben schneiden. In einem Topf etwas Salzwasser zum Kochen bringen, Steckrüben darin zugedeckt etwa 5 Minuten vorgaren. Abtropfen lassen.

2 Die Frühlingszwiebeln waschen, putzen und mit dem zarten Grün in feine Ringe schneiden. Den Thymian waschen, gut trockenschütteln und die Blättchen abstreifen.

3 Den Backofen auf 180 °C (Umluft 160 °C) vorheizen. Die Steckrüben dachziegelartig in eine feuerfeste Form schichten, dabei jede Lage salzen, pfeffern und mit etwas Paprikapulver bestreuen. Die Sahne seitlich angießen. Die Pilze putzen, vom Stielende befreien und klein würfeln. Den Knoblauch schälen und fein hacken oder durch die Presse drücken.

4 Die Pilze mit dem Knoblauch und dem Käse mischen und mit Salz und Pfeffer abschmecken. Auf den Steckrüben verteilen. Die Butter in kleine Flocken schneiden und darauf verteilen. Das Gratin im heißen Ofen etwa 40 Minuten backen, bis die Steckrüben weich sind und die Oberfläche gebräunt ist.

Zubereitungszeit: 1 Stunde 10 Minuten

Variante

Gut schmeckt auch ein Steckrüben-Kartoffel-Gratin. Dafür je 500 g Steckrüben und mehlig kochende Kartoffeln schälen, waschen und in feine Scheiben hobeln. 1 Stange Lauch waschen, putzen und in feine Streifen schneiden. Steckrüben und Kartoffeln abwechselnd dachziegelartig in eine feuerfeste Form schichten. Dabei jede Lage mit Salz, Pfeffer und frisch geriebenem Muskat würzen und mit ein paar Lauchstreifen bestreuen. ¼ l Sahne seitlich angießen. 125 g Mozzarella in feine Scheiben schneiden und auf dem Gratin verteilen. Das Gratin im heißen Ofen bei 180 °C (Umluft 160 °C) etwa 45 Minuten backen, bis das Gemüse weich und schön gebräunt ist.

Für 4 Portionen
800 g Steckrüben
Salz
2 Frühlingszwiebeln
4 Zweige Thymian
Pfeffer
1 TL rosenscharfes Paprikapulver
150 ml Sahne
200 g Champignons oder Egerlinge (rosa Champignons)
2 Knoblauchzehen
50 g frisch geriebener Parmesan
1 EL Butter

Kartoffel-Kürbis-Gratin mit Kokosmilch

Asiatisches für Feinschmecker

Für 4 Portionen
1 Limette
1 Stück frischer Ingwer
(etwa 1 cm)
2 Knoblauchzehen
4 Frühlingszwiebeln
1/2 Bund Koriandergrün
500 g Kartoffeln
(vorwiegend
fest kochend)
1 Stück Kürbis (etwa 700 g)
Salz, Pfeffer
1 Dose Kokosmilch (400 g)
1 EL Butter

1 Die Limette heiß waschen und abtrocknen, die Schale dünn abschneiden und sehr fein hacken. Ingwer und Knoblauch schälen und sehr fein hacken. Frühlingszwiebeln waschen, putzen und mit dem zarten Grün in feine Ringe schneiden. Koriandergrün waschen und trockenschwenken, Blättchen abzupfen und ebenfalls fein hacken. Die Limettenschale mit Ingwer, Knoblauch, Zwiebelringen und Korianderblättchen mischen.

2 Backofen auf 180 °C (Umluft 160 °C) vorheizen. Kartoffeln schälen, waschen und in feine Scheiben hobeln. Den Kürbis von den Kernen und dem faserigen Inneren befreien, schälen und ebenfalls in feine Scheiben schneiden. Kartoffeln und Kürbis abwechselnd in eine feuerfeste Form schichten, dabei jede Lage mit Salz und Pfeffer würzen und mit etwas Limettenmischung bestreuen.

3 Die Kokosmilch cremig rühren und über die Zutaten in der Form gießen. Butter in Flöckchen schneiden und darauf verteilen. Kartoffel-Kürbis-Gratin im heißen Ofen (Mitte) etwa 40 Minuten backen, bis die Kartoffeln weich sind.

Zubereitungszeit: 1 Stunde

Tipps

◆ Dazu passt am besten ein Salat aus rohem oder kurz blanchiertem Spinat (es kommt darauf an, ob er zart oder kräftig ist) mit Frühlingszwiebelringen und Sprossen und einem Dressing aus Reisessig, etwas Chiliöl, Sesamöl und neutralem Öl mit Salz und gemahlenem Sichuanpfeffer oder normalem Pfeffer.

◆ Wer nicht rein vegetarisch essen will, kann zum Gratin auch gebratene oder gegrillte Fischfilets oder Hühnerbeine, die man neben dem Gratin in einer anderen Form gleich im Ofen mitgart, servieren.

Pastinakenquiche mit Lauch

Auch sehr lecker für ein kaltes Buffet

Für 4 Portionen
Für den Teig:
200 g Mehl
100 g kalte Butter
80 g Joghurt
knapp 1 TL Salz

Für den Belag:
600 g Pastinaken
1 Stange Lauch
4–6 Zweige frischer
Thymian
je 1 TL edelsüßes und
rosenscharfes
Paprikapulver
Salz
4 Eier
100 g frisch geriebener
Hartkäse (z. B. Bergkäse,
Manchego oder
mitteltalter Pecorino)
200 g saure Sahne

1 Für den Teig Mehl mit der Butter in kleinen Stücken, dem Joghurt und dem Salz in eine Schüssel geben und zu einem glatten geschmeidigen Teig verkneten. Teig zu einer Kugel formen und zwischen zwei Lagen Klarsichtfolie rund ausrollen. Eine Tarteform von 30 cm oder eine Springform von 28 cm Durchmesser damit auskleiden, dabei einen Rand hochziehen. Teig in der Form etwa 1 Stunde kühl stellen.

2 Für die Füllung die Pastinaken schälen, putzen und mittelgrob raspeln. Lauch putzen, der Länge nach aufschlitzen und gründlich waschen. Die Lauchhälften in feine Streifen schneiden. Thymian waschen und trockenschwenken, die Blättchen abstreifen.

3 Den Backofen auf 180 °C (Umluft 160 °C) vorheizen. Pastinaken mit Lauch, Thymian und den beiden Sorten Paprikapulver mischen und mit Salz abschmecken. Eier mit Käse und saurer Sahne verrühren und ebenfalls salzen.

4 Gemüsemischung auf dem gekühlten Teig verteilen. Den Eierguss gleichmäßig darüber gießen. Die Quiche im heißen Ofen (Mitte) 40–45 Minuten backen, bis der Belag schön gebräunt ist. In der Form etwas stehen lassen, dann in Tortenstücke schneiden und warm oder lauwarm abgekühlt servieren.

Zubereitungszeit: 1 ¼ Stunden + 1 Stunde Kühlzeit

Varianten

◆ Wenn es schneller gehen soll, statt Mürbeteig TK-Blätterteig nehmen. Auftauen lassen, aufeinander legen und in Größe der Form ausrollen. Form kalt ausspülen und nicht abtrocknen. Den Teig hineinlegen, mit der Füllung belegen und wie beschrieben backen.

◆ Statt Pastinaken schmecken auch Steckrüben oder Kürbis sehr gut.

◆ Und wer nicht rein vegetarisch essen will, mischt ein paar Schinkenwürfel (von rohem oder gekochtem Schinken) mit unter die Füllung.

Spinat-Schafkäse-Kuchen

Schmeckt warm und kalt

1 Blätterteigplatten nebeneinander legen, mit einem Küchentuch bedecken und in etwa 20 Minuten auftauen lassen.

2 Spinat von den dicken Stielen befreien und in stehendem kaltem Wasser gründlich waschen. In einem Topf Salzwasser zum Kochen bringen. Den Spinat hineingeben und etwa 2 Minuten kochen, bis die Blätter zusammengefallen sind. Spinat in ein Sieb gießen, gründlich kalt abspülen und abtropfen lassen. Dann mit den Händen gut ausdrücken und den Spinat fein hacken.

3 Lauch putzen und der Länge nach aufschlitzen. Den Lauch gründlich waschen und fein hacken. Zwiebel und Knoblauch schälen und ebenfalls hacken. Das Olivenöl in einer Pfanne erhitzen, Lauch, Zwiebel und Knoblauch darin unter Rühren 2–3 Minuten braten. Zum Spinat geben.

4 Den Backofen auf 180 °C (Umluft 160 °C) vorheizen. Eine Spring- oder Tarteform von 28–30 cm Durchmesser kalt ausspülen und nicht abtrocknen.

5 Die Hälfte der Blätterteigplatten aufeinander legen und auf wenig Mehl in Größe der Form ausrollen, die Ränder zuschneiden. Die übrigen Teigplatten ebenfalls aufeinander legen und ausrollen.

6 Die Kräuter waschen und trockenschütteln, von den Stielen befreien und fein hacken. Den Käse fein zerkrümeln. Kräuter und Käse zum Spinat geben, alles mit Salz, Pfeffer und Muskat abschmecken. Eier untermischen.

7 Eine Teigplatte in die Form legen und dabei einen Rand formen. Spinatmasse darauf verteilen und die Teigrändern nach innen über die Füllung klappen. Mit der zweiten Teigplatte abdecken. Das Eigelb mit der Milch verquirlen und den Teig damit bestreichen. Den Kuchen im heißen Ofen (Mitte) etwa 50 Minuten backen, bis er schön gebräunt ist.

Zubereitungszeit: 45 Minuten + 50 Minuten Backzeit

Tipp

Statt Blätterteig können Sie auch Filo- oder Yufkateig aus dem griechischen oder türkischen Lebensmittelgeschäft nehmen. Dafür für jede Teigplatte drei zwischen den Schichten mit zerlassener Butter bestrichene Teiglagen aufeinander legen.

Für 4 Portionen
6 Scheiben TK-Blätterteig
750 g Spinat
Salz
1 Stange Lauch
1 große Zwiebel
4 Knoblauchzehen
2 EL Olivenöl
1 Bund Dill
1/2 Bund Petersilie
250 g Schafkäse (Feta)
Pfeffer
frisch geriebene Muskatnuss
3 Eier

Außerdem:
1 Eigelb, 2 EL Sahne

Panierte Wirsingspalten mit Kartoffelsalat

Alternative zum Wiener Schnitzel

Für 4 Portionen
Für den Salat:
1 kg fest kochende Kartoffeln
1 Zwiebel
¼ l kräftige Gemüsebrühe (aus Würfeln)
3 TL scharfer Senf
2 EL Apfelessig
4 EL Raps- oder Sonnenblumenöl
Salz, Pfeffer
150 g Zuckerhut

Für den Wirsing:
1 kleiner fester Wirsing (etwa 800 g)
Salz, 4 EL Mehl, Pfeffer
1 TL gemahlener Kümmel
frisch geriebene Muskatnuss
2 Eier, 100 g Semmelbrösel
3 EL Butterschmalz

Außerdem:
1 Zitrone in Schnitzen zum Servieren

1 Die Kartoffeln waschen und in Wasser zugedeckt weich, aber nicht zu weich kochen. Abgießen und etwas ausdampfen lassen.

2 Inzwischen Zwiebel schälen und sehr fein hacken. Mit der Brühe in einem Topf einmal aufkochen. Senf, Essig und Öl unterrühren und das Dressing mit Salz und Pfeffer abschmecken.

3 Kartoffeln schälen und in dünne Scheiben schneiden. Mit dem Dressing mischen und ziehen lassen, bis der Wirsing vorbereitet ist.

4 Den Wirsing von den äußeren welken Blättern befreien und den Kopf in Achtel teilen. In einem weiten Topf Salzwasser zum Kochen bringen, die Wirsingachtel darin etwa 10 Minuten zugedeckt bei mittlerer Hitze kochen lassen. Abgießen und den Wirsing abtropfen lassen.

5 Das Mehl in einem Teller mit Salz, Pfeffer, Kümmel und Muskat verrühren. Eier in einem zweiten Teller verquirlen, Semmelbrösel ebenfalls in einen Teller geben.

6 Das Butterschmalz in zwei Pfannen erhitzen. Den Wirsing zuerst im Mehl, dann in den verquirlten Eiern und zum Schluss in den Semmelbröseln wenden. Die Wirsingachtel im heißen Butterschmalz bei mittlerer Hitze pro Seite 3–4 Minuten braten, bis sie schön gebräunt sind.

7 Inzwischen den Zuckerhut waschen und in feine Streifen schneiden. Unter den Kartoffelsalat mischen und nochmals abschmecken. Den panierten Wirsing mit Kartoffelsalat und Zitronenschnitzen servieren.

Zubereitungszeit: 50 Minuten

Variante

Unter den Kartoffelsalat können Sie statt Zuckerhut- auch Endivienstreifen oder frische Gurkenscheiben mischen.

Spinat mit Rosinen und Chili-Joghurt

Aromatisch und leicht scharf

Für 4 Portionen
1 kg Spinat
Salz
2 rote oder grüne
Chilischoten
1 TL Kreuzkümmelsamen
2 TL Butter
250 g Joghurt
4 Knoblauchzehen
4 EL Olivenöl
50 g Pinienkerne
50 g Rosinen
1 EL Zitronensaft
Pfeffer

1 Spinat verlesen, waschen und abtropfen lassen. In einem Topf Salzwasser zum Kochen bringen und den Spinat darin zugedeckt etwa 2 Minuten kochen, bis er zusammengefallen ist. In ein Sieb schütten, kalt abspülen und abtropfen lassen.

2 Für den Joghurt Chilischoten waschen, putzen und mit den Kernen fein hacken. Mit den Kreuzkümmelsamen und der Butter in eine Pfanne geben und erhitzen, bis die Butter schmilzt. Abkühlen lassen und mit dem Joghurt mischen. Chili-Joghurt mit Salz abschmecken.

3 Knoblauch schälen und sehr fein hacken. Das Öl in einer Pfanne erhitzen. Pinienkerne darin unter Rühren kurz anrösten, dann die Rosinen und den Knoblauch untermischen und kurz weiter braten.

4 Spinat dazugeben und gut heiß werden lassen. Mit dem Zitronensaft, Salz und Pfeffer abschmecken und mit dem Chili-Joghurt servieren.

Zubereitungszeit: 25 Minuten

Tipp Als passende Beilage dazu empfiehlt sich Bulgur oder Reis.

Pastinaken und Möhren mit Nuss-Sauce

Lecker mit Kartoffeln oder Brot

Für 4 Portionen
2 rote Paprikaschoten
2 geschälte Tomaten
(aus der Dose)
2 Knoblauchzehen
1 getrocknete Chilischote
100 g gehäutete Mandeln
5 EL Olivenöl, Salz
je 600 g Pastinaken und
Möhren

1 Den Backofen auf 250 °C (Umluft 230 °C) vorheizen. Paprikaschoten waschen, längs halbieren und putzen. Mit den Schnittflächen nach unten auf ein Backblech legen und im Ofen (Mitte) etwa 15 Minuten backen, bis die Haut dunkle Blasen hat. Aus dem Ofen nehmen und kurz abkühlen lassen.

2 Tomaten abtropfen lassen. Knoblauch schälen und fein hacken. Chilischote fein zerkrümeln. Paprikaschoten häuten und ebenfalls würfeln.

3 Tomaten, Paprika, Knoblauch und Chili mit Mandeln und Olivenöl im Mixer fein pürieren und mit Salz abschmecken.

4 Pastinaken und Möhren schälen und ganz lassen. In einem weiten Topf etwa 1 cm hoch Wasser mit Salz zum Kochen bringen. Gemüse darin zugedeckt bei schwacher bis mittlerer Hitze in etwa 10 Minuten bissfest kochen. Abtropfen lassen und mit der Nuss-Sauce servieren.

Zubereitungszeit: 45 Minuten

Brez'nknödel mit Sahnepilzen

Mal was anderes als Semmelknödel

1 Für die Knödel von den Brezen das Salz abreiben. Brezen in dünne Scheiben schneiden und in eine Schüssel geben. Milch lauwarm erhitzen und über die Brezen gießen. Etwa 10 Minuten ziehen lassen.

2 Zwiebel schälen und sehr fein hacken. Petersilie waschen und trockenschütteln. Blättchen abzupfen und sehr fein hacken. Beides mit den Eiern zu den Brezen geben und mit Salz und Pfeffer würzen. Alles mit den Händen kräftig durchkneten, bis ein gebundener Teig entstanden ist. Aus dem Teig mit angefeuchteten Händen 8 Knödel formen und nebeneinander auf ein Brett legen. In einem großen Topf Wasser zum Kochen bringen.

3 Die Pilze putzen, möglichst nicht waschen, und in feine Scheiben schneiden. Mit dem Zitronensaft mischen, damit sie sich nicht zu stark verfärben.

4 Das Wasser salzen, Knödel einlegen und bei schwacher Hitze in 15–20 Minuten gar ziehen lassen.

5 Inzwischen die Butter mit dem Öl erhitzen. Pilze darin gut anbraten. Falls sich dabei Flüssigkeit bildet, unter Rühren wieder verdampfen lassen. Wein und Sahne angießen und bei mittlerer Hitze unter Rühren cremig einkochen lassen. Die Pilze mit dem Senf, Salz und Pfeffer abschmecken.

6 Die Knödel mit einem Schaumlöffel aus dem Wasser heben und gut abtropfen lassen. In eine vorgewärmte Schüssel geben und mit den Pilzen servieren.

Zubereitungszeit: 50 Minuten

Varianten

◆ Statt der Brezen können Sie auch Brötchen nehmen, am besten nicht die ganz einfachen, sondern solche mit Sonnenblumenkernen oder aus Kartoffelteig. Da sind Ihrer Phantasie keine Grenzen gesetzt.

◆ Einen Teil der Pilze auch mal durch Pastinaken in dünnen Scheiben oder Kürbis in Stiften ersetzen, das gibt zusätzlichen Geschmack und eine schöne Farbe.

Für 4 Portionen

8 altbackene Brezen vom Vortag
3/8 l Milch
1 Zwiebel
1 Bund Petersilie
3 Eier
Salz, Pfeffer
600 g gemischte Pilze, z.B. Steinpilze und Egerlinge (rosa Champignons) oder Champignons
1 EL Zitronensaft
2 EL Butter
1 EL Öl
1/8 l trockener Weißwein oder Gemüsebrühe
1/4 l Sahne
2 TL scharfer Senf

Köstlich vegetarisch

Rezeptregister

Aus dem Suppentopf

Gemüse mit Fisch, Fleisch & Geflügel

Köstlich vegetarisch

Die Autorin:

Cornelia Schinharl machte nach einem Sprachenstudium ihre Liebe zu kulinarischen Genüssen zum Beruf. Redaktionsalltag erlebte sie in Hamburg und München, wo sie seit mehr als 15 Jahren als freie Foodautorin für verschiedene Verlage erfolgreich tätig ist. Inzwischen sind über 50 Bücher von ihr erschienen – mit dem Schwerpunkt auf internationaler und kreativer moderner Küche. Für ihre Arbeiten erhielt Cornelia Schinharl bereits mehrere nationale und internationale Auszeichnungen.

Die Fotografin:

Martina Görlach arbeitete nach einem Kunstgeschichte-Studium und der Ausbildung zur Glasmalerin als Restauratorin von Glasgemälden und Kirchenfenstern. Ihr Wechsel zur Foodfotografie erfolgte eher zufällig – durch ihre Arbeit als Stylistin und das Malen von Hintergründen. Inzwischen gehört sie seit vielen Jahren als Fotografin dem Team Eising FoodPhotography in München an. Ihr frischer, unverwechselbarer Stil macht ihre Fotos zu einem wahren Augenschmaus.

Alle in diesem Buch enthaltenen Informationen und Rezepte wurden von der Autorin und dem Verlag sorgfältig erarbeitet und überprüft. Eine Haftung kann jedoch nicht übernommen werden.

Anregungen und Hinweise sind jederzeit willkommen: info@seehamer.de oder Postfach 61, D-83629 Weyarn
Besuchen Sie uns auch im Internet: www.seehamer.de

© 2004 Seehamer Verlag GmbH, Weyarn
Alle Rechte vorbehalten
Gestaltung und Redaktion: Bine Cordes, Weyarn
Satz: Gabriele Wahl, w & w, Füssen
Fotos: Eising FoodPhotography/Martina Görlach
Foodstyling: Eising FoodPhotography/Michael Koch
Lektorat: Katrin Wittmann, w & w, Füssen
Lithographie: inteca Media Service GmbH, Rosenheim
Druck und Bindung: Egedsa, Sabadell, Spanien
ISBN 3-934058-72-8